Légendes manitobaines

Les Éditions des Plaines remercient le Conseil des Arts du Canada et le Conseil des Arts du Manitoba du soutien accordé dans le cadre des subventions globales aux éditeurs et reconnaissent l'aide financière du Ministère de Culture, Patrimoine et Tourisme du Manitoba et du Ministère du Patrimoine canadien (PADIÉ et PICLO) pour ses activités d'édition.

Illustrations des légendes : Réal Bérard
Conception graphique : Francine Couture

Données de catalogue avant publication (Canada)

Légendes manitobaines
Comprend des références bibliographiques et un index
ISBN 2-921353-75-X

1. Légendes-Manitoba. I. Grolet, Edwige, 1961- II. Picoux, Louisa, 1936- .
GR113.5.M3G76 2001   398.2'097127   C2001-911080-4

© Édition des Plaines, 2002
382, rue Deschambault
Saint-Boniface (MB) R2H 0J8
www.plaines.mb.ca

Dépôt légal : 2e trimestre 2002
Bibliothèque nationale du Canada et
Bibliothèque provinciale du Manitoba

Deuxième tirage de la troisième édition, 2007.

Louisa Picoux
et Edwige Grolet

PLAINES

PRÉFACE

Certaines des légendes colligées dans ce recueil remontent à la présence des Premières nations ou à la venue des Blancs en terre manitobaine. Elles constituent une richesse fort appréciable de notre littérature orale. Racontées depuis nombre d'années par les Métis et les Blancs, elles sont devenues des classiques puisqu'elles ont traversé le temps.

Le lecteur sera étonné d'apprendre que la publication de ce corpus est la résultante de nombreuses recherches. En effet, il faut fouiller journaux et manuscrits, sans négliger d'interroger les anciens du pays pour découvrir des légendes fantastiques, à part des contes, des chansons, des croyances et des proverbes.

Le Canadien français aime raconter des histoires. Malheureusement, les voyageurs et les premiers colons n'avaient pas le loisir de s'adonner à l'écriture au cours de leurs années de lutte pour les fourrures et les terres au pays de la Rivière-Rouge. Par ailleurs, les coupeurs de bois long ont raconté des anecdotes, inventé des histoires et affabulé en répétant des bribes de vérité.

Les ethnologues considèrent les légendes comme du « théâtre parlé et mimé ». Il faut dire que la plupart des légendes manitobaines pourraient être portées à la scène ou à l'écran, alors que d'autres pourraient inspirer artistes et musiciens. Les légendes sont riches d'aventures, de croyances et d'interventions divines, de passions humaines et de tragédies causées par les éléments de la nature. Certaines d'entre elles renvoient le lecteur à ce qu'il y a de plus intemporel dans l'existence humaine.

Rappelons qu'au début, cette science de la poésie populaire a été sauvegardée par des analphabètes dont les connaissances provenaient de l'écoute respectueuse des conteurs. Publiées dans des feuillets touristiques, griffonnées sur du papier jauni ou recueillies sur les lèvres des anciens, les légendes sont courtes et parfois si incomplètes que le recours à l'imagination s'impose pour les réécrire avant de les publier. Si, selon les spécialistes en la matière, le folklore connaît un cycle de deux cents ans, il devient de plus en plus urgent de fixer dans la littérature écrite ces trésors de chez nous.

La légende est un récit qui tire toujours son origine d'un événement historique vécu par le conteur ou une de ses connaissances. Le récit est alors repris par d'autres conteurs qui le redisent des centaines de fois en accordant à leur imagination la liberté d'ajouter des touches romantiques, comiques, historiques ou autres. Au fil des ans, un conteur l'enrichit de certains détails, en supprime d'autres, change parfois le lieu et l'époque et, sans aucun scrupule, y insère des éléments merveilleux. Après une telle transformation, une légende est née.

Les auteurs de *Légendes manitobaines*, Louisa Picoux et Edwige Grolet, ont le mérite d'avoir relever deux défis. Le premier, en effectuant des recherches à partir d'un humus déjà imposant pour publier un premier recueil qui a connu un bon succès ; le second, en présentant une édition révisée et enrichie de six nouvelles légendes.

Puisse la lecture de ce livre plaire tout autant aux adultes qu'aux étudiants, leur donner le goût de l'émerveillement et le souci de garder vivante notre tradition orale.

Annette Saint-Pierre

La ville sans soleil

Lorsque le bruit se répandit qu'on avait trouvé de l'or à quelque huit cent cinquante kilomètres au nord-ouest de Winnipeg, la région fut prise d'assaut par une horde d'aventuriers, mineurs, prospecteurs avides de gains et désireux de s'enrichir rapidement. De simple bourg, l'endroit connut un essor d'autant plus fulgurant que la Compagnie de la Baie d'Hudson vint s'y installer et diriger la mine. La ville fut officiellement fondée en 1928 et reçut le nom de Flin Flon.

Au début du siècle, un explorateur du nom de Josiah Flintabbatey Flontin, arriva dans la région avec son équipe afin d'y effectuer des recherches. Les environs de la ville intéressèrent Flintabbatey qui étudia attentivement la situation géographique. Un jour, seul à bord de son canot, sur un lac situé à proximité, il se laissa guider par le courant et captiver par la beauté du paysage. Soudain, son canot fut happé par un tourbillon prenant naissance au creux d'un rocher. Projeté hors de son embarcation et aspiré par une force tournoyante, l'explorateur eut l'impression d'être entraîné au centre de la Terre.

Une fois le calme revenu, l'homme regarda autour de lui et ne reconnut rien de familier. Il était dans une ville inconnue. Reprenant ses esprits, il essaya de se souvenir : « Voyons, j'étais dans mon canot en train d'admirer le paysage quand une force surhumaine m'a attiré jusqu'ici. Je dois être sous le lac... Suis-je dans une ville souterraine? Ma foi, on dirait que ce lieu est habité. Est-ce vraiment une ville souterraine? »

Il s'engagea alors dans une rue étroite et pierreuse, examina les maisons également construites de pierres solides. D'un côté de la rue, des magasins vides dont les étagères de bois vermoulu étaient fixées aux murs attirèrent son attention; elles avaient dû recevoir de la marchandise autrefois. Dans un hangar, une enclume à ferrer les sabots des chevaux semblait attendre un forgeron.

— Ma parole! On se croirait revenu plusieurs siècles en arrière, murmura l'explorateur. Pourtant la ville ne semble détériorée ni par le temps ni par l'abandon. Elle est presque intacte.

Quelle découverte extraordinaire pour le scientifique qui se posait mille questions! Quand cette ville avait-elle été construite? Et qui l'avait habitée? Autant de mystères auxquels il ne trouvait pas d'explications. Réjoui à l'idée de son aventure, Flintabbatey continua son exploration. Un nouveau phénomène l'intrigua : la ville souterraine était éclairée. La profondeur du lac n'empêchait donc pas la lumière de pénétrer jusque-là. En y regardant de plus près, il remarqua que les murs des maisons étaient recouverts d'or! Voilà donc ce qui explique les lueurs dorées sur les eaux du lac. C'était vraiment incroyable! Plus il pénétrait à l'intérieur de la ville, plus les maisons brillaient. Finalement, il arriva à un château construit d'or pur. Émerveillé, il passa plusieurs heures à parcourir la ville. Mais il se faisait tard et Josiah songea au retour. Hélas! Impossible de retrouver la sortie. L'endroit l'intriguait, et le château plus encore. Il pris la décision de pousser plus avant ses recherches. Qui sait? Peut-être trouverait-il une issue.

Après avoir visité les pièces du château, Flintabbatey descendit à la cave où il découvrit une galerie souterraine qui conduisait à une rivière. Les berges étaient glissantes et il tomba dans l'eau. Gardant son sang-froid, il nagea vers une lueur blanchâtre.

Après deux jours dans le souterrain, sans nourriture et sans repos, il cherchait encore la sortie de cet endroit mystérieux. N'en pouvant plus, il tomba d'inanition et le courant l'emporta. Lorsqu'il reprit connaissance, Flintabbatey était étendu sur une plage. Le soleil était à son zénith. Il chercha en vain la rivière souterraine qui avait disparu. De plus en plus inquiet, il se leva et marcha sur le sable à la recherche de son bateau.

Pendant ce temps, une équipe de secours avait été formée afin de retrouver le disparu. On l'aperçut, le lendemain, délirant, affaibli par la faim et l'épuisement.

Quelques jours suffirent à Flintabbatey pour se rétablir. Quand il parla à son équipe de ses découvertes, personne ne crut à son aventure. Néanmoins, il ne se découragea pas et organisa une expédition afin de revoir la ville souterraine. Ce fut en vain.

— Ah! Si seulement j'avais rapporté quelque objet de cette ville, répétait-il. Un morceau d'or peut-être...

Le temps passa et l'équipe scientifique quitta les lieux. Quelques années plus tard, Flintabbatey, lors d'un voyage dans le nord du Manitoba, parla de son aventure à un chef indien qui, à sa grande surprise, le prit très au sérieux. Ce dernier lui raconta alors la légende de la ville sans soleil.

— Il y a bien longtemps, les hommes ont découvert qu'en échangeant de l'or et de l'argent avec d'autres peuples, ils pouvaient se procurer des arcs plus légers, ainsi que des armes aiguisées et de bonne qualité. Hélas! La jalousie tenaillait les peuples, et les tribus se massacraient entre elles. Insatiables, les hommes imposaient aux femmes le dur labeur d'extraire le minerai du sol. Les pauvres créatures s'épuisèrent à la tâche jusqu'au jour où, lassées, elles se rebellèrent et s'emparèrent du pouvoir, décidées à vivre sans hommes si nécessaire. Devenues de véritables « amazones », elles firent construire une ville sous un lac où elles purent cacher le métal précieux et vivre agréablement.

Des hommes, prêts à se soumettre à leurs lois, les rejoignirent. Ainsi, la survie de la race fut assurée. L'harmonie était telle qu'aucun habitant ne voulait retourner vivre sur terre pour affronter les intempéries des saisons et les disputes des peuples. La nourriture ne maquait pas grâce à l'immense lac où foisonnaient des poissons de toutes sortes, des plantes aquatiques comestibles en abondance. De plus, les hommes récoltaient les produits des jardins, et des tortues géantes fournissaient des œufs et de la viande.

Cette manière de vivre dura plusieurs siècles. Hélas! Les tribus qui vivaient sur terre commencèrent à envier le peuple souterrain gouverné par une jeune reine. Le désir fou de retrouver cette ville mystérieuse dévorait de plus en plus les êtres terrestres. Heureusement, son entrée était introuvable et les nombreuses fouilles des chercheurs entêtés s'avéraient inutiles.

Un jour, un jeune Indien qui canotait sur le lac découvrit par hasard le passage secret. Les habitants furent aussitôt traqués et décimés; plusieurs de ceux qui pénétrèrent dans la ville périrent. Guidés par la convoitise, les derniers survivants s'entretuèrent et l'existence du passage secret tomba dans l'oubli.

Il y a de cela longtemps, bien longtemps. Depuis, d'aucuns ont essayé de retrouver la ville, mais sans succès.

Flintabbatey était encore tout imprégné de cette histoire lorsque le chef indien ajouta :

— Homme blanc, c'est toi qui l'as découverte. Grâce à toi, le monde saura que la ville sans soleil a déjà existé.

— Mais, personne ne me croira, s'écria Josiah Flintabbatey.

Le chef sourit et hocha la tête en silence.

La nuit des clairons

Les aurores boréales se manifestent dans les régions nordiques où elles sont particulièrement intenses. Ces phénomènes lumineux, causés par la réflexion du soleil sur la neige et les glaces polaires, sont appelés « caribous » par les Indiens. Les Français, eux, leur donnent le nom de « clairon ».

Les Manitobains doivent aux Chipewyans une touchante légende associée à l'aurore boréale. Cette tribu qui vivait le long du fleuve Churchill se nourrissait uniquement de caribou. Est-ce pour cela que l'aurore boréale portait aussi son nom?

Au début du XIXe siècle, la tribu comptait un trop grand nombre de personnes âgées. Selon les Chipewyans, elles étaient porteuses de malchance et retardaient la marche des chasseurs. Un jour d'automne, la tribu se réunit et décida d'isoler les vieillards. La saison de la chasse était avancée et les hommes rentraient souvent bredouilles, car le gibier se faisait de plus en plus rare.

Dans le camp des Chipewyans, une jeune fille d'une grande beauté refusait tous les prétendants parce qu'elle n'en aimait aucun. De nature sensible, Waba, témoin des épreuves que subissait son peuple, souffrait avec lui de la famine et du découragement.

Au cours d'une seconde réunion, le conseil inquiet décida, sous l'autorité du « chaman », de faire une offrande aux dieux. La jeune Indienne serait offerte en sacrifice.

L'hiver s'annonçait déjà lorsque Waba fut conduite en grande cérémonie dans une caverne, au fond de la forêt. Les jours et les semaines s'écoulaient tristement pour la pauvre Waba. La solitude lui pesait lourdement, mais elle l'acceptait volontiers, persuadée que son sacrifice allait ramener le gibier pour la survie de sa tribu.

Waba souffrait du froid, de l'ennui et de la faim. Un jour, partie à la recherche de petits fruits sauvages, elle s'égara dans la forêt profonde et chercha en vain le chemin du retour. Peine perdue... elle dut se résigner à passer la nuit à la belle étoile après s'être laissée tomber au pied d'un arbre.

Tout à coup, des bruits éclatèrent dans le ciel; c'était comme si les dieux s'étaient mis à gratter la fourrure des caribous. Effrayée, la jeune fille leva les yeux vers le firmament glacial où les caribous étaient de plus en plus nombreux. Une lueur dorée déchira brusquement l'épaisseur de la nuit et, du gouffre de l'obscurité, des flammes jaillirent de la voûte céleste. Prise d'une sensation étrange, Waba fut secouée de légers tremblements; ensuite, une joie s'empara d'elle. Il lui sembla que cet état de rêve avait duré une éternité. Peu à peu, les bruits s'estompèrent et l'étrange lueur disparut.

Revenant à elle, Waba murmura :

— Quelle étrange aventure! On dirait que les dieux m'ont habitée.

Après cet incident merveilleux, l'Indienne négligea de se nourrir. Enfermée dans sa caverne, elle attendait... Une nuit qu'elle était allongée sur sa couche, elle entendit de nouveau le crépitement des étincelles. L'aurore boréale inondait son abri de clarté quand un animal étrange — à la fois chien et caribou — s'approcha d'elle. Dans son demi-sommeil, Waba vit l'animal se transformer en jeune homme. L'Indien s'allongea sur elle et la submergea de sa passion. Après cette nuit, le désir de vivre en

Waba fut plus fort que jamais. Elle retourna vers son peuple qui, malheureusement, la rejeta. Parce qu'elle avait insulté les dieux, elle n'était plus des leurs. Portant dans son sein le fruit de son pêché, Waba, bannie des siens, retourna dans les bois.

Un jour, des hommes blancs en quête de fourrures érigèrent leur campement à l'orée de la forêt où elle vivait. Le silence régnait dans ce lieu féerique où les hommes s'attardaient autour du feu. Soudain, un craquement d'étincelles perça le silence de la nuit hivernale.

— Écoutez, les clairons s'annoncent, dit l'un des voyageurs.

Tous se levèrent, les yeux rivés au firmament où une aurore boréale trouait la nuit. Quel majestueux spectacle! La clarté se dirigeait vers l'est invitant les spectateurs à la suivre. Les voyageurs marchaient en silence quand ils entendirent des pleurs et découvrirent le corps sans vie d'une jeune Indienne. À ses côtés, un nouveau-né, à moitié nu, cherchait un peu de chaleur.

L'enfant recueilli par les voyageurs manifesta une prédilection marquée pour la chasse et la pêche. Un jour, en compagnie de ses bienfaiteurs, un animal étrange — moitié chien, moitié caribou — s'avança vers lui. Au grand étonnement des hommes blancs, l'animal semblait le connaître : le garçonnet monta sur la bête qui s'éleva dans les airs au son d'un léger crépitement.

Après la disparition de l'enfant péché, les troupeaux de caribous ont abondé. Et les Chipewyans ont retrouvé l'aisance.

La maison hantée

Déjà, au milieu du XIXe siècle, la paroisse de Saint-Boniface était florissante. Un jour, dans cette communauté qui fait maintenant partie du Grand Winnipeg, un incendie se déclara dans une maison inhabitée près du couvent des Sœurs Grises, aujourd'hui le Musée de Saint-Boniface.

Cette maison, autrefois, était magnifique. Ceux qui l'admiraient ignoraient ce qu'était devenu le propriétaire : un jeune homme riche et aventureux. Les Sœurs Grises avaient pris possession de la maison en attendant le retour de celui qui l'avait abandonnée.

Sœur Flavie Laurent qui avait la responsabilité du logis décida de le louer afin de générer des revenus pour la communauté religieuse. On donna à l'habitation un nouveau visage. Aussitôt un locataire se présenta. Enchanté de sa trouvaille, il emménagea immédiatement.

Hélas! Sa joie fut de courte durée. Le deuxième soir de son installation, il se présenta chez les religieuses.

— Ma maison est hantée! annonça-t-il en tremblant de peur. Je ne veux pas y demeurer une minute de plus.

Les religieuses, qui ne crurent pas un mot du « trop grand timide », n'hésitèrent pas à inviter quelqu'un d'autre à s'installer dans « leur » maison. Au grand étonnement des Sœurs Grises, le nouveau venu exprima les mêmes réticences. Comme le premier, il maudissait la bâtisse hantée et voulait déguerpir.

— Mais enfin, lui demanda Sœur Laurent, qu'est-ce qu'elle a cette maison? Et de quoi a l'air votre fantôme?

— Cela se passe la nuit, répondit le locataire. Des bruits de portes qui s'ouvrent et se referment résonnent dans le silence de la maison. Puis on entend les pas de quelqu'un chaussé de bottes de cuir; il fait claquer ses talons sur le plancher. Et je ne parle pas des bruits de chaînes et de clochettes. C'est à vous donner la chair de poule.

Les locataires subséquents connurent le même sort et prirent la fuite.

Un jour, les religieuses se rendirent sur les lieux afin d'élucider le mystère de cette « damnée » maison. Sœur Flavie Laurent, accompagnée de trois consœurs, décida d'y passer la nuit. Munies d'eau bénite, de chapelets, d'encensoirs, de croix et de livres de prières, les trois femmes de Dieu s'installèrent dans la maison hantée. De temps à autre, elles bénissaient et encensaient le bâtiment de la cave au grenier. De retour au salon, elles égrenaient leur chapelet. Après quelques heures de vigile, elles finirent par s'endormir en murmurant soit un *Je vous salue, Marie,* soit un *Notre père.*

Soudain, sur le coup de minuit, Sœur Laurent fut réveillée en sursaut par des bruits insolites.

— Qu'est-ce que c'est? Si c'est une blague, elle est vraiment de mauvais goût, dit-elle à ses compagnes.

Les bruits augmentèrent en intensité. Grincements de portes et entrechoquements de chaînes dans un vacarme infernal.

Sœur Laurent et ses sœurs rallumèrent les bougies à la hâte et se munirent de leur crucifix. Se serrant les unes contre les autres, elles brandirent leur crucifix en criant à tue-tête : « Va-t'en, démon, va-t'en! »

Le gémissement d'une porte se mêlait au martèlement des pas et aux cliquetis des chaînes. Sœur Laurent criait de plus belle : « Va-t'en, démon, va-t'en! » et les sœurs distinguèrent une forme blanche qui s'avançait vers elles. La sueur couvrait leur visage. Sœur Laurent reprit ses esprits et dit en brandissant son crucifix : « Mon Dieu, mon Dieu, pourquoi nous as-tu abandonnées? »

Soudain, une cloche sonna et le fantôme disparut. Le calme revenu, les sœurs se regardèrent puis tombèrent à genoux dans un geste de reconnaissance : « C'est un miracle! » dirent-elles en chœur. De nouveau, la cloche sonna et des coups retentirent à la porte d'entrée.

— Pas si vite, dit sœur Flavie Laurent. C'est peut-être encore lui!

— Sœur Laurent, hou, hou! Vous êtes là? C'est nous, ouvrez?

— Ah! Ce sont nos sœurs. Vous pouvez ouvrir.

Les religieuses qui venaient aux nouvelles furent très surprises d'entendre Sœur Laurent et ses compagnes raconter leur palpitante aventure.

— Si je comprends bien, dit l'une d'elles, le fantôme s'est enfui en entendant sonner la cloche. Dieu soit loué!

Après le départ des visiteuses, les religieuses s'installèrent pour le reste de la nuit. L'apparition mystérieuse ne revint pas, et elles retournèrent au couvent où personne ne crut à leur histoire farfelue.

Quand Sœur Laurent quitta Saint-Boniface pour aller en mission, on ne retourna plus à la maison hantée. Les peintures s'écaillèrent, les tuiles du toit s'envolèrent et les volets battirent bruyamment sous les rafales du vent; bref, la maison entièrement délabrée tomba dans l'oubli.

Quelques années plus tard, un chiffonnier vint à passer dans la rue Taché. Le brave Juif, aussi pauvre que le saint homme Job, ramassait des chiffons, des bouteilles, des ficelles et de la ferraille. Il entassait et transportait ses « trésors » dans une charrette tirée par son vieux et fidèle cheval. En cette très froide nuit d'hiver, il marmonnait :

— Je dois me trouver un abri, sinon je vais mourir de froid. Apercevant la maison abandonnée, il crut avoir la réponse à ses prières.

— Pour quelques heures... Qu'en penses-tu? demanda-t-il à son cheval.

Remarquant le délabrement de la demeure, le pauvre gueux n'hésita pas à y faire entrer sa bête qu'il installa au rez-de-chaussée. Pour lui-même, il choisit une chambre au premier étage où il ne tarda pas à s'endormir, enroulé dans la peau de bête qui le suivait partout.

Tout à coup, des bruits le réveillèrent en sursaut. Des pas montaient l'escalier.

— Mais enfin, ce n'est pas mon cheval qui se met à monter l'escalier! murmura-t-il.

À mesure que les pas se rapprochaient, la peur s'emparait du chiffonnier qui n'osait pas bouger. Soudain, dans l'embrasure de la porte, apparut une forme humaine revêtue de blanc. Elle s'approcha du pauvre Juif qui, à genoux, récitait des prières en hébreu. Quand le fantôme s'arrêta, le chiffonnier se ressaisit et dit :

— Je ne sais pas qui vous êtes, mais qui que vous soyez, je vais prier pour vous.

— C'est bien inutile, mon pauvre homme. Je suis catholique.

— Cela ne fait rien. La religion à laquelle on appartient importe peu puisqu'il n'y a qu'un seul Dieu. Le même pour tous. Ce qui compte, c'est que ma prière vous permette de retrouver la paix, reprit l'homme terrifié en essuyant la sueur de son front.

Le fantôme consentit à écouter la prière du Juif. Après un silence, il lui demanda :

— Qu'êtes-vous venu faire dans cette maison? Ne saviez-vous pas qu'elle est hantée?

— Je ne suis pas de ce quartier, répondit le Juif. Je vous en prie, laissez-moi partir. Je vous promets de faire dire des prières pour vous à la synagogue. Je vous laisse mon chargement, c'est toute ma fortune.

— Je n'ai besoin ni d'argent ni de prières; cependant vous pouvez m'aider. En retour, vous serez largement récompensé.

Le Juif promit de faire ce que lui demanderait le fantôme. Ce dernier lui raconta alors sa mésaventure et la raison pour laquelle son esprit hantait la vieille maison :

— J'étais riche autrefois. Cette maison, c'est moi qui l'ai fait construire. Oh! Il y a bien longtemps de cela. Je devais y amener ma fiancée qui vivait au Québec. Tout semblait me réussir quand un malheur est arrivé. Un soir, alors que la maison était terminée et que j'étais prêt à accueillir ma bien-aimée, deux malandrins qui connaissaient ma richesse sont venus me voler. Je me suis défendu mais ils ont vite eu raison de moi et m'ont poignardé en plein cœur. Les meurtriers m'ont enveloppé dans un drap et m'ont enfermé dans une malle dans la cave. Mon corps est encore là. Si vous acceptez de m'enterrer dignement, vous aurez l'or que j'ai caché dans un mur de la maison.

— D'accord, je vais chercher un prêtre, répondit le Juif.

— Non, ce ne sera pas nécessaire. Vos prières me suffiront.

Le fantôme eut des funérailles et le Juif alla prendre possession de l'or. Il n'eut pas de mal à le trouver car le fantôme avait ouvert le mur et l'or jetait son éclat dans la pièce. Le chiffonnier remplit sa charrette et s'en alla tenant la bride de son cheval. Quand il se retourna une dernière fois, la maison était envahie par les flammes.

Le Juif ne revint jamais à Saint-Boniface. Il s'installa dans les environs de Winnipeg où il vécut heureux avec son vieux cheval. Mais cet homme, qui n'était pas un ingrat, fit installer une magnifique stèle funéraire sur la tombe du fantôme.

Aujourd'hui, on ne retrouve aucune trace de ces évènements. Le cimetière a été détruit pour faire place à des constructions nouvelles. Le vieux chiffonnier, lui, a fait fructifier sa fortune mais on ignore ce qu'il est devenu. Seule nous reste cette légende racontée à mi-voix par quelques rares personnes.

La légende du riz

Dans l'épaisse forêt du parc Nopiming situé au nord du parc Whiteshell, se trouve le lac du Riz qui tire son nom d'une légende crie.

Autrefois, les Cris vivaient paisiblement dans une région très boisée et parsemée de nombreux lacs. Grands chasseurs, très respectueux des animaux, ils ne chassaient que pour leurs besoins vitaux. Ainsi, ils avaient rarement besoin de s'aventurer en dehors de leur territoire. Les Cris avaient entièrement confiance en leur chef Chodowa, un chasseur qu'ils estimaient beaucoup.

Non loin du territoire cri vivaient les Saulteux. Ces derniers invitaient quelquefois les Cris à pêcher la truite avec eux. Tous en profitaient pour festoyer pendant plusieurs jours; ils contribuaient ainsi à entretenir de bonnes relations entre les tribus.

— Nous sommes frères, disait le chaman Mikimatt en les accueillant.

À cette époque, les Blancs commençaient à pénétrer à l'intérieur des terres. Les Autochtones étaient donc invités à faire la traite des fourrures avec la Compagnie de la Baie d'Hudson et la Compagnie du Nord-Ouest. Très sociables et surtout très habiles dans l'art de chasser, les Cris devinrent les principaux pourvoyeurs de fourrures de ces Compagnies. De plus, ils vendaient des produits artisanaux que les Européens appréciaient beaucoup.

Hélas! Les tribus indiennes durent céder peu à peu leurs territoires. Cette situation fut la source de nombreux conflits. Des tribus, parmi lesquelles on retrouvait les Saulteux, forcèrent les Cris à se réfugier vers la pointe des Grands Lacs.

— Ici, nous serons bien, déclara Chodowa. Préparons-nous à y passer l'été.

La tranquille assurance de leur chef rassura les membres de la tribu. Hommes, femmes et enfants reprirent leur rythme de vie et la gaieté s'installa à nouveau dans le groupe.

Pourtant, les Cris avaient tort de se croire en sécurité, car non loin de là, sur l'autre rive du lac, les Saulteux préparaient une nouvelle attaque. Mikimatt, assis avec ses hommes autour du feu, haranguait les siens.

— La tribu crie nuit à notre peuple, dans sa poursuite des animaux et son commerce avec les Blancs. Nous devons les anéantir dès la pleine lune.

Aussitôt, les Saulteux se mirent à harceler leurs ennemis et à causer de nombreuses pertes humaines.

La riposte ne se fit pas attendre, mais il était déjà trop tard. Affaiblis par les attaques des Saulteux, les Cris, vaincus, décidèrent de lever le camp et de s'enfuir. Ils se mirent en chemin et campèrent ici et là dès que la fatigue se faisait sentir. Dans leur déroute, ils abandonnèrent même leurs malades, en ne leur laissant qu'une maigre portion de nourriture.

Peu à peu, le désespoir gagna la tribu. Un jour, ils se laissèrent tomber sur le sol, déterminés à ne pas aller plus loin. Ils s'endormirent dans l'herbe humide de l'automne qui colorait de teintes irisées les feuilles des arbres. Le silence régnait depuis des heures sur les corps immobiles, lorsqu'une douce musique les réveilla.

— C'est la musique de la mort, mes frères. Notre dernière heure est arrivée, dit Chodowa en étendant les bras, comme pour protéger son peuple.

Soudain une lumière éclatante surgit et une forme féminine se dressa devant ces hommes et ces femmes exténués. Grande et souriante, l'apparition aux longs cheveux dorés portait une tunique couleur de miel qui scintillait au moindre mouvement.

S'approchant de Chodowa, elle lui prit doucement la main et lui dit :

— Venez! Suivez-moi, tous!

Comme emportés par une force invincible, les Cris reprirent leur marche. Ne ressentant plus la fatigue, ils suivirent la princesse qui les guidait vers un lieu inconnu.

Après plusieurs heures de marche, ils s'arrêtèrent au bord d'un lac dont les plages de sable blanc étaient entre-coupées de rochers recouverts de lichens rouges et bruns. Un endroit féerique! D'un geste large de la main, la jeune fille pointa le lac où des tiges chargées d'épis dépassaient les eaux claires.

— Voici du riz sauvage, la zizania.

Les Indiens, tenaillés par la faim, sautèrent dans l'eau pour faire la cueillette. Ils firent cuire le riz et le mangèrent aussitôt. Une fois rassasiés, ils se demandèrent s'ils n'avaient pas rêvé.

La princesse, elle, avait disparu comme par enchantement. Ne la voyant plus, le triste Chodowa regardait attentivement une touffe de cheveux blonds, abandonnée sur un rocher. Il aurait voulu remercier la bienfaitrice qui avait sauvé son peuple de la famine.

Tout heureux, les Cris décidèrent de s'installer au bord de ce lac qu'ils nommèrent « le lac du riz ».

Aujourd'hui, au mois de septembre, après la cueillette du riz sauvage, les Indiens ont la coutume de fêter « la lune du riz sauvage ». Ils ont raison car cet aliment est un cadeau du Grand Esprit.

L'esclave

L'hiver inondait de sa blancheur la nature, dans un silence imposant et insoutenable qui semblait figé dans l'immensité glaciale. Soudain, un petit point sombre et mobile tacha le ciel bleu. Sur un arbre recouvert de givre, un corbeau se posa en croassant lugubrement.

À quelques pas de là, sur la glace luisante de la rivière, une jeune Indienne, penchée sur une ouverture, attendait patiemment que le poisson morde à l'hameçon. Emmitouflée dans ses fourrures, elle observa avec appréhension l'oiseau qui, à présent, la survolait. L'oiseau poussa un dernier cri puis s'envola en laissant derrière lui le silence et la blancheur immobile. Isani, qui le suivait des yeux, le vit disparaître à l'horizon.

« Voilà donc un funeste présage » se dit-elle en frissonnant.

Mais malgré sa profonde inquiétude, elle continua à pêcher. Les heures passèrent et le jour s'effaça devant un crépuscule aux couleurs de feu. Isani sentit le froid lui piquer les joues.

« Il est temps de rentrer au campement », pensa-t-elle en rangeant le produit de sa pêche dans une outre en peau.

Sur le chemin du retour, le silence des bois l'enveloppait. Seuls de légers craquements naissaient sous ses mocassins lorsque par endroits sur la rivière, la glace était plus fragile.

Isani appartenait à la tribu des Esclaves qui campait non loin de là dans une clairière. Satisfaite de sa pêche, l'Indienne chantonnait en pensant au festin qui l'attendait :
Sous la cendre, petits poissons,
vous cuirez, petits poissons
recouverts de glaise...

Soudain, sa voix se brisa. Avait-elle entendu des cris? Isani revit, l'espace d'une seconde, le corbeau sur sa branche et son inquiétude redoubla. Elle pressa le pas. Lorsqu'elle arriva au campement, un spectacle indescriptible s'offrit à ses yeux. Les tentes étaient renversées, piétinées. Sous le choc de sa découverte, la jeune fille resta figée, incapable de bouger.

C'est alors qu'un Indien, sorti d'on ne sait où, bondit derrière elle. Isani se retourna et, à la vue de la jeune fille, le guerrier s'immobilisa. Se ressaisissant enfin, il l'agrippa par un bras et se mit à la tirer derrière lui. Isani avait peur, mais l'autre, fier de lui, s'en fut montrer sa trouvaille à ses compagnons.

— Mes frères, regardez ce que j'ai trouvé.

— Nous partons, lança celui qui semblait être le chef.

— Où est mon peuple? demanda la jeune fille.

— Tous enfuis. Toi, tu viens avec nous.

Et, poussant des cris de victoire, ils quittèrent le camp ravagé.

Trop lasse pour se défendre, Isani, les mains liées, fut hissée sur un cheval et la troupe se mit en route. Le voyage fut long et pénible; les sabots des chevaux s'enfonçaient profondément dans la neige. Transie de froid, la jeune femme ne sentait même plus son corps. Soudain, au loin, on entendit des voix de femmes qui acclamaient le retour des guerriers.

« Ils arrivent, ils arrivent! »

À bout de force, la jeune fille s'affaissa sur le cheval. Lorsqu'elle revint à elle, Isani était étendue au pied d'un arbre.

« Ma pauvre fille, te voilà prisonnière d'une bande de Cris. Quel sort te réserve-t-on, maintenant? » pensa–t-elle.

Tant de questions surgissaient dans sa tête mais restaient sans réponses. Entre temps, elle observa à la dérobée le vieux guerrier qui l'avait entraînée jusqu'ici. Sans se préoccuper d'elle, il traversa le campement afin de demander conseil au chef. Après une courte délibération, on lui confia la prisonnière. Libre à lui d'en faire ce que bon lui semblait. Et c'est ainsi qu'Isani devint l'esclave de Towaba.

Le temps passa. Peu à peu, Isani s'habitua à sa nouvelle vie. Elle vaquait à des occupations ménagères sous l'autorité d'une matrone. La femme de son maître était âgée et Isani devait l'aider. De son côté, Towaba, qui voulait la tranquillité dans sa maison, ne cessait de lui répéter :

— Tu es ma fille, obéis et va en paix!

Isani, par son bon cœur, eut tôt fait de gagner le respect et la confiance de tous les membres de la tribu. Hiver comme été, elle se levait à la pointe du jour. Là, en compagnie des femmes cries, elle allumait les feux, ramassait du bois et faisait cuire les aliments. Pourtant, durant ses moments de repos, assise près du feu ou à l'ombre d'un arbre, elle pensait à sa vie passée. Et toujours, une immense tristesse envahissait son cœur.

Là-bas, au camp des Esclaves, vivait un peuple heureux, enjoué. Son fiancé avait promis à son père de chasser et de pêcher pour lui durant plusieurs lunes, s'il épousait Isani. Comme elle était libre alors! Ses parents, son amoureux, et tous ceux de la tribu étaient-ils encore vivants ?

Et Isani poussait de profonds soupirs de regret. D'un geste vif, elle entrelaçait ses longs cheveux couleur de jais pour en former une tresse épaisse.

Songeant à sa vie présente, elle se disait qu'elle n'était pas si malheureuse après tout. Du moment qu'elle accomplissait ses tâches, elle était respectée. Towaba était un bon maître, même en ayant sur sa personne droit de vie ou de mort. Bien qu'à sa merci, elle était, en quelque sorte, la fille qu'il n'avait jamais eue.

Un soir pourtant, le grand guerrier tomba malade. Aussitôt, on fit appel au sorcier. Ce dernier prépara des potions et récita des incantations, mais les jours passèrent sans amélioration aucune. Isani, qui connaissait les plantes, prépara une mixture dont elle seule avait le secret. Elle fit absorber au malade une pâte épaisse qu'elle mêla à ses aliments.

Bientôt, Towaba reprit des forces et se porta mieux. Bien que sa santé se fut améliorée, son sommeil, par contre, était hanté de cauchemars. Inquiet, Towaba alla consulter le sorcier. Celui-ci, passant ses mains sur tout le corps du malade, hocha la tête en s'exclamant :

— Un esprit malin te possède! Il faut libérer ton corps.

Il conseilla au guerrier un jeûne prolongé et un isolement total. Towaba s'affaiblit de nouveau et les cauchemars redoublèrent. C'était comme si une bête étrange le rongeait de l'intérieur. Le sorcier, pour ne pas perdre la face aux yeux de sa tribu, ne voulait pas avouer son impuissance à le soigner. Il annonça donc :

— C'est l'Esclave qui est la cause de tes cauchemars. Tu dois la punir sinon tu ne guériras pas.

Incapable de réfléchir davantage à cause de la souffrance, le malade accepta.

L'été éclatait de beauté lorsque le conseil de la tribu se réunit pour décider du sort de la jeune Indienne. Isani, hébétée, attendait la punition qui allait lui être infligée.

L'attente ne fut pas longue. Bientôt, un crieur annonça la sentence. Sans plus attendre, on attacha Isani à un poteau. La prisonnière regardait ces hommes et ces femmes, hier ses parents, ses amis, aujourd'hui devenus des ennemis prêts à la punir pour avoir tenté de sauver l'un des leurs. On lui coupa d'abord les cheveux, mèche par mèche, puis, munis de petites branches, chacun leur tour, ils se mirent à la frapper.

Le sorcier avait déclaré que pour obtenir la guérison de Towaba, il fallait faire durer la punition. Personne ne devait lui adresser la parole ni même la regarder. Sans nourriture et avec juste assez d'eau, Isani resta des heures durant, debout sous le soleil.

Isani suppliait Towaba :

— Maître, maître...

La pauvre Isani n'avait pas été préparée à de pareils traitements et, ne voyant pas la fin de son tourment, elle versait des larmes de désespoir. Affaiblie, le corps meurtri, elle perdit connaissance. On la détacha enfin, et les femmes la transportèrent dans les bois où elles l'étendirent sur la mousse.

Laissée seule à son triste sort, Isani sentit le désespoir la gagner.

Même guéri, pensait-elle, son maître, exhorté par son peuple, allait peut-être lui en vouloir. Plus rien ne serait comme avant.

En entendant le murmure de l'eau, l'Indienne se leva. Elle parvint jusqu'à la rivière et se laissa glisser dans l'eau fraîche et bienfaisante.

— Si je pouvais nager loin d'ici, s'exclama-t-elle.

En regardant tout autour, Isani vit un canot sur la grève. Elle nagea vers l'embarcation, s'y hissa et, s'aidant de ses mains pour ramer, s'éloigna.

Elle était déjà loin, lorsque de la rive, on lui fit de grands signes et qu'elle entendit :

— Attention, attention à la chute! Isani, reviens!

La jeune fille n'écoutait plus. Elle se laissa emporter par le courant, vers la chute et, cachant son visage dans les pans de sa robe en lambeaux, elle ferma les yeux.

— Je ne veux pas me voir mourir, murmura-t-elle.

Le canot plana un moment dans le vide mais, oh surprise! au lieu de tomber dans les eaux bouillonnantes, il alla se poser loin de la chute avec sa passagère. Isani était sauvée.

Personne ne sait ce qu'il advint d'Isani, mais depuis ce jour, et en souvenir de son courage on nomme cet endroit « LA CHUTE DE L'ESCLAVE. »

Hiawatha

BÉRARD

Il y a très longtemps de cela, bien avant la venue des Visages Pâles, Nanabozho, le Tout-puissant, descendit sur terre. Afin d'aider ses fils, les Indiens, il créa la lumière, dispensatrice de chaleur, la pluie et les glaces du Grand Nord pour rafraîchir l'atmosphère et alimenter les mers, et les animaux de la forêt dont ils pourraient tirer leur nourriture. Après s'être assuré que tout allait pour le mieux, il avait encore donné quelques recommandations aux habitants de la terre puis il était remonté au ciel.

Les années passèrent et les Indiens se multiplièrent. Des tribus rivales se formèrent, provoquant alors des guerres dévastatrices. Mécontent de ces dissensions, Nanabozho revint sur terre. Dans un énorme coup de tonnerre dont l'éclair alluma un feu sur la plus haute colline, il convoqua les Indiens à une réunion très importante.

Le vieil homme ne ménagea pas ses mots :

— J'ai créé cette terre, dit-il, afin que vous viviez en paix. Malheureusement, je n'y vois que disputes, destructions et misères. Vous détruisez vous-mêmes votre bonheur. Un jour, d'autres hommes, qui ne seront pas vos frères, vous expulseront et prendront vos places.

Après avoir proféré ces menaces, Nanabozho se calma un peu, accepta de fumer le calumet et quitta les Indiens.

D'autres lunes passèrent. Les guerres entre les tribus se firent de plus en plus meurtrières. Enfin, on annonça la venue prochaine d'un enfant sage qui créerait l'unité chez les Indiens où il n'y aurait plus qu'un seul peuple.

Le sorcier réfléchit un instant, regarda le chef et déclara :

— Cet enfant sera ton fils. Nanabozho t'a choisi, toi, Dekana, chef iroquois, pour être le père de son messager. Ton fils sera chargé d'une grande mission.

La prophétie redonna confiance à Dekana. Un jour qu'il revenait au camp après une longue absence, on lui apprit la naissance de son enfant. Peu de temps après, il prit dans ses bras musclés un tout petit garçon à la peau rouge et chiffonnée. Il s'écria, ivre de joie : « Qu'il est beau! » L'enfant fut nommé Hiawatha : celui qui fait naître la paix.

Dès son jeune âge, Hiawatha apprit à tirer à l'arc, à monter à cheval, à chasser et à pêcher. Il devint bientôt le plus habile de la tribu. Vers l'âge de huit ans, le petit Hiawatha, armé d'un arc et de flèches, pénétra seul dans la forêt dans l'intention de ramener du gibier, ainsi que le faisaient les hommes du camp. Son ambition, certes, était à sa mesure : « Un lièvre, disait-il, ferait mon affaire. » Et il se cacha derrière un tronc d'arbre, prêt à tirer. Tout à coup, un lièvre à la fourrure fauve passa tout près de l'enfant.

Hiawatha tendait déjà son arc, lorsque le lièvre s'arrêta, s'assit sur son arrière-train, leva sa jolie tête, tendit les oreilles et regarda le jeune chasseur droit dans les yeux, sans prendre garde au danger. En visant sa proie, Hiawatha constata avec stupeur que sa main tremblait. Il baissa son arc et murmura : « Si j'étais un lièvre, je n'aimerais pas qu'on me tue. » À ce moment, le lièvre se rapprocha du chasseur et lui caressa les jambes de son poil.

Hiawatha regarda l'animal avec douceur sans oser bouger. Puis le lièvre disparut et l'enfant rentra bredouille au camp.

Quand Hiawatha raconta cet incident aux membres de la tribu, grands et petits ne se gênèrent pas pour le tourner en dérision. Mais l'enfant ne s'en laissa pas imposer :

— Ne vous moquez pas de moi, dit-il. Le Grand Manitou m'a parlé par l'intermédiaire du lièvre. Il m'a interdit de tuer les animaux.

Dans un pays où les Indiens devaient vivre de chasse et de pêche, le chef Dekana et sa femme ne pouvaient comprendre leur fils qui refusait de tuer le moindre animal. Ils crurent qu'il avait perdu la raison. Toutefois, avoir un enfant différent des autres leur réjouissait le cœur. De plus, les Iroquois honoraient les « fous » parce que, disaient-ils, les personnes insensées voyaient des choses que le commun des mortels ne voyait pas. Après cette révélation, le bruit se répandit que Hiawatha était béni des dieux. Par ailleurs, la prédiction du sorcier s'avérait exacte : un enfant-messie était au milieu d'eux.

Hiawatha fut respecté de tous. Il grandit sans ennui, laissé souvent à ses méditations car ses parents le traitaient comme un jeune prodige. Dans la fleur de l'âge, les filles le regardaient avec respect et admiration sans oser s'en approcher, même s'il leur faisait des signes. Peu à peu, Hiawatha acquit une grande sagesse.

Devenu adulte, las des nombreuses guerres inutiles, Hiawatha eut l'idée de rassembler les nations indiennes et les animaux de la forêt pour prêcher la paix. « L'union fait la force », disait-il. Un jour de printemps, il organisa un grand festin sur les bords du lac Supérieur. L'air était frais, le soleil encore faible brillait sur le lac, et la nature endormie se réveillait vigoureusement pour rattraper le temps perdu.

Au jour du rassemblement, tous les animaux avaient répondu à l'appel du sage. Hélas! Hiawatha était le seul représentant de l'espèce humaine. Les Indiens étaient trop occupés à s'entre-tuer. Au cours du repas, le cœur de Hiawatha était lourd de peine. Sa sagesse ne servait à rien; les hommes aimaient se battre... La guerre est le pire des maux, songeait-il, en regardant les animaux manger avec appétit. Mais son découragement fut de courte durée. Ne pouvant parler aux hommes, il décida de s'adresser aux animaux.

Il leur annonça que des hommes de couleur blanche, venant du Soleil Levant, viendraient s'installer dans leur région sauvage. Les Blancs seraient bons envers eux et ils désigneraient certains territoires où il serait interdit de détruire l'espèce animale. Cette prédiction était la récompense du grand Nanabozho aux animaux qu'il voulait remercier. En revanche, les tribus indiennes qui n'avaient pas daigné répondre à son appel seraient condamnées à l'extinction dès l'arrivée des Hommes Blancs. Après avoir prononcé ces paroles, Hiawatha monta dans son canot d'écorce, s'éloigna à grands coups de pagaie et disparut sur le lac.

Apprenant des animaux ce qui s'était passé sur les bords du lac Supérieur, les Indiens persuadèrent Hiawatha de convoquer une nouvelle réunion. Cette fois-là, les chefs répondirent à l'appel; certains vinrent même de très loin car ils sentaient qu'un danger imminent les guettait. Ce ralliement où les Indiens promirent de faire la paix entre eux, vers 1450, est demeuré célèbre dans l'histoire. Il est désigné sous le nom de « Confédération des Iroquois ».

Hélas! La bonne entente fut éphémère. Bientôt des querelles rallumèrent le feu de la guerre. Hiawatha, déçu par ses frères, repartit sur le lac un soir d'automne, après avoir dit adieu à ses amis, les bêtes. On ne le revit jamais. Les animaux, impuissants à rendre les hommes meilleurs, le pleurèrent longtemps. L'appel du grand sage était resté sans écho.

Les années passèrent et les prophéties de Hiawatha se réalisèrent. On remarque, aujourd'hui, que les animaux vivent en paix à l'intérieur d'immenses zones protégées contre les hommes. Quant aux Indiens, ils n'ont pas disparu, mais on les a isolés.

Hiawatha reviendra-t-il sur terre avant qu'il ne soit trop tard?

Le vieil homme de Gimli

C'était un soir d'été particulièrement chaud et humide. La voiture de la famille Jackson roulait joyeusement sur la route de Gimli, en direction d'Hecla Island quand soudain, un orage éclata. Des vents violents mêlés à de grosses gouttes de pluie fouettèrent la voiture qui s'arrêta.

— Zut, alors! s'écria Mathieu, le père de la famille. Plus d'essence! Cette jauge ne marche pas bien! Elle indiquait pourtant la moitié! C'est bien notre veine avec ce temps!

Les vents redoublaient de puissance et, avec la pluie, balayaient tout sur leur passage. La nuit s'épaississait, illuminée parfois par des éclairs qui déchiraient le voile noir de l'obscurité.

— Bon. On ne peut pas rester là, dit le père, Je vais essayer de trouver de l'aide dans les environs.

Il enfila un imperméable et, muni d'une lampe de poche, s'engouffra dans la nuit. Il revint peu après leur annoncer qu'il y avait une ferme non loin. Quand enfin ils arrivèrent dans la cour de la ferme, ils étaient complètement trempés. La maison était grande et belle, mais c'était une maison abandonnée. Fatigués, ils décidèrent d'y passer la nuit, car la tempête continuait à faire rage. Le lendemain ils verraient à régler leur problème d'essence.

Mathieu trouva de quoi faire du feu. Il s'installa près de la cheminée, avec sa femme et ses trois enfants, et s'apprêta à passer une bonne nuit de sommeil.

L'orage s'était apaisé et la maisonnée dormait profondément. Tout à coup, ils furent réveillés par le bruit d'une hache coupant du bois.

— Je vais aller faire un tour dehors, dit Mathieu, afin de calmer le petit Rémi qui s'était caché dans les jupes de sa mère.

À son retour, Mathieu rassura tout le monde; il n'avait rien vu d'anormal et la famille retourna se coucher. Mais le bruit reprit de plus belle accompagné cette fois de cris d'agonie. C'était terrifiant. On aurait dit un enfant à la torture. Ce bruit n'arrêtait pas. Sans cesse, à intervalles réguliers, les coups de hache résonnaient sur le bois sec et l'enfant hurlait.

La famille Jackson était morte de frayeur. Personne ne pouvait dormir. Mathieu décida alors, muni d'une lampe de poche et d'un bâton trouvé dans la maison, de retourner faire une ronde à l'extérieur. C'était un grand gaillard, solide et costaud. Il n'avait peur de rien. Dès qu'il ouvrit la porte de la maison, le silence envahit la nuit. Malgré tout, il fit le tour de la demeure abandonnée, à l'affût de bruits insolites. Rien. Il remarqua cependant au fond de la cour, près d'une petite cabane, un tas de bois fendu avec une hache plantée sur la souche d'un arbre. Après avoir examiné le tout, le père haussa les épaules et rentra dans la maison. Tout le monde se recoucha, mais bientôt, les coups de hache reprirent, troublant pour la troisième fois le sommeil des visiteurs. L'homme sortit encore et se dirigea directement vers la souche de bois. Le tapage cessa une fois de plus dès qu'il mit le pied dehors.

Mathieu ne trouva toujours rien de menaçant et tenta de trouver une solution logique à l'origine de ces bruits étranges.

« Ce n'est pas le vent, la nuit est calme. Si la tempête avait persisté, on pourrait peut-être expliquer ces bruits. Mais dans ce calme! Allons, se dit-il en se ressaisissant. N'y pensons plus. On verra demain matin, à la lumière du jour, il y aura sans doute une explication toute simple. »

Sur ces pensées, il rentra et se barricada. Les coups réguliers de hache et les cris reprirent de nouveau. Le plus lugubre, c'était les cris d'enfant. C'était terrible. Mais dès que le père ouvrait la porte de la maison, un lourd silence emplissait la nuit. Ce manège dura jusqu'au lever du jour.

Au matin, lorsque tout le monde se leva, le calme était revenu. Prête à partir, la famille sortit de la maison. Leurs regards furent attirés par la souche de bois à quelques pas de l'entrée de la maison, celle-là même que Mathieu pensait avoir vu au fond de la cour! Cinq petits doigts étaient éparpillés sur la souche entourant la hache tranchante qui y était enfoncée, sur le sol s'amoncelait un tas de bois fendu.

Horrifiés par ce spectacle, Mathieu et sa femme regroupèrent les enfants et fuirent le sinistre endroit. Sans se retourner, ils rejoignirent leur voiture abandonnée la veille.

Très vite, un automobiliste s'arrêta pour leur porter secours. Ils retournèrent à Gimli et racontèrent leur histoire peu ordinaire. Et là, un vieil homme s'approcha d'eux et leur dit :

— Cette maison appartenait à un vieux pêcheur islandais. Pour une raison inconnue, sa voiture a quitté la route et a renversé sur les rochers, il s'est noyé. La voiture doit y être encore. Cependant, il n'a pas pu supporter que des gens louent sa maison après sa mort. On dit qu'il est allé, un soir, attirer près de la souche le petit garçon qui jouait dehors, et, avec la hache, lui à coupé les doigts. Depuis, lorsque des gens restent dans la maison la nuit, la hache, les bûches et les doigts ensanglantés réapparaissent, les coups de hache et les cris percent le silence de la nuit.

Le crocus des prairies

Wappee était le fils du chef de la tribu des Pieds Noirs. Estimé de tous, il vivait paisiblement entouré des siens. N'ayant peur de rien, à l'abri des intempéries et des bêtes féroces dans le grand tipi, il grandissait en sagesse tout en suivant attentivement les enseignements de son père.

Quand Wappee eut douze ans, son père le fit venir.

— Mon fils, le temps est venu pour toi de devenir un homme. Un jour, si les Esprits le veulent, tu seras le chef. Pour cela, tu dois te montrer à la hauteur de ton peuple. Tu dois partir dans les collines. Tu reviendras dans cinq nuits. Alors, peut-être seras-tu devenu un homme libre, capable de conduire les tiens.

Wappee quitta la tribu le soir même et se dirigea vers les montagnes. Il s'installa sur le sommet de la plus haute colline. Seul avec les étoiles, il se sentit libre, prêt à affronter tous les obstacles. Au matin, Wappee se leva, le cœur léger. C'était une belle journée de printemps. La neige fondait lentement sous le chaud soleil. Wappee s'assit et médita sur son avenir. Il devait attendre qu'un Esprit bienveillant lui montre, par le biais du rêve, le chemin qui le mènerait de l'enfance vers l'âge adulte. Mais le jour progressait et Wappee ne voyait toujours rien. Aucune vision, ni âme qui vive, ne venait troubler le silence qui l'entourait. Très vite, la solitude et la peur s'emparèrent de lui. Le soir venu, il s'allongea à nouveau dans l'espoir d'avoir une vision. Mais rien ne vint. Le lendemain se passa en tous points comme la veille. La journée chaude étala les couleurs de l'aube jusqu'au crépuscule pour se fondre ensuite dans la pénombre de la nuit. Wappee ne bougea pas.

Il ne lui restait maintenant que trois nuits avant de retourner chez son père pour lui annoncer qu'il n'était pas devenu un homme, mais qu'il était un lâche. Le Grand Esprit ne lui avait pas permis de faire le rêve. Plus le temps passait, plus Wappee ressentait la douleur de l'échec. Le matin suivant, alors qu'il observait les couleurs du soleil levant, il aperçut une petite fleur, aussi blanche que la neige, qui reposait à ses côtés. La fleur ouvrait grand ses pétales pour y laisser entrer le soleil. Elle se balança lentement dans sa direction jusqu'à ce que son esprit troublé fut calmé par la vue des montagnes bleues et de l'herbe verte des prés.

Assis non loin de la fleur, Wappee observa les corbeaux et écouta le bruit du vent. Le jour baissait. La montagne devint rose, puis magenta. Bientôt le soleil disparut, laissant place à l'obscurité. Mais cette fois, Wappee ne se sentait plus seul. Il avait maintenant une amie :

— Petite sœur, dit-il, toi si fragile, que fais-tu dans cet endroit froid et venteux? Je vais me coucher près de toi pour te réchauffer. Mais je ne veux pas t'écraser.

Et pendant qu'une partie de son esprit se reposait, l'autre partie veillait sur la petite fleur blanche.

Lorsque la nuit se prépara à rencontrer le jour, la fleur parla :

— Écoute, Wappee. Hier, tu étais triste car tu ne connaissais pas la peur. Celui qui ne connaît pas la peur est fragile. L'homme sage apprend à vivre avec elle.

Le jeune indien, surpris, s'approcha de la fleur pour mieux l'entendre. Mais la fleur se tut, en se balançant au gré du vent.

Toute la journée, Wappee ne cessait de penser à ce que la fleur lui avait dit. La nuit suivante, il protégea encore la petite fleur avec son manteau de fourrure. Puis, à l'aube, la fleur parla :

— Tu as bon cœur, Wappee. Tu iras loin.

Puis, elle se tut jusqu'à la nuit suivante. Au lever du jour, elle dit encore :

— La sagesse et un cœur bon sont les qualités d'un grand chef. Si tu as des difficultés, reviens vers les collines, elles t'apporteront la paix et la chaleur.

Puis Wappee s'endormit paisiblement. Son sommeil fut peuplé de visions : devenu chef de sa tribu, il la vit heureuse et prospère.

Il était maintenant temps pour Wappee de retourner vers les siens. Cependant, avant de partir, il dit à la fleur :

— Petite sœur, pendant trois nuits, tu m'as consolé de ma solitude, tu m'as aidé à avoir des visions. Demande-moi ce que tu veux et j'irai voir le Grand Esprit pour qu'il exauce tes vœux.

La petite fleur répondit :

— Wappee, demande au Grand Esprit de m'habiller de bleu et de violet, comme les montagnes, afin que les hommes puissent me voir et me tenir compagnie, un petit soleil doré que je garderai tout au fond de mon cœur pour me consoler les jours de pluie, un manteau chaud pour que je puisse faire face au vent froid qui souffle et à la neige qui fond. Ainsi, j'apporterai confort et espérance à tous les hommes.

Le Grand Esprit, qui avait entendu cette conversation, fut sincèrement touché par la bonté de Wappee envers la fleur. Aussi, répondit-il aux souhaits de ce dernier. La petite fleur blanche devint alors bleue et violette avec au centre un cœur chaud et doré, enveloppé d'un manteau de verdure. Cette petite fleur s'appelle le crocus des prairies.

Les hommes admirent sa force et sa fragilité, ses couleurs et sa chaleur. Elle est aujourd'hui l'emblème floral du Manitoba.

Les empreintes de l'ours noir

À une époque où les humains étaient en petit nombre, un Indien cri et sa femme vivaient, l'année durant, à l'extrême limite de la terre glacée.

Comme les animaux désertaient les lieux, le manque de ressources se faisait cruellement sentir. La femme, insatisfaite, se plaignait du froid et de la faim. Un matin pourtant, une voix rauque les tira de leur sommeil. L'Esprit de la Nature se manifestait. Les deux Indiens écoutèrent, incrédules. La voix les invitait à partir en quête d'un pays aux hivers rigoureux certes, mais aux étés torrides. Là, ils trouveraient de la nourriture en abondance.

— Quelle est cette plaisanterie? demanda l'Indien.

Mais la proposition paraissait sérieuse. Le mari et la femme réfléchirent longuement, discutèrent entre eux, et décidèrent qu'il valait mieux quitter cette région hostile plutôt que de mourir de faim.

L'Esprit posa toutefois une condition. Pendant le voyage, ils pourraient regarder autour d'eux tant qu'ils le voulaient mais, en aucun cas, ne devaient-ils regarder, en même temps, en direction de la terre. Si, au même moment, leurs yeux se portaient vers la terre, ils seraient punis.

La femme écouta l'avertissement d'une oreille distraite.

— Placez-vous au centre de ce cercle, le vent vous poussera. Bon voyage! dit l'Esprit de la Nature en les voyant s'éloigner.

Et le couple s'éleva sans effort, comme dans un rêve, en direction du sud. Une grande ardeur les animait.

— Je flotte dans les airs, disait la femme tout excitée.

Le temps passa. Les jours succédèrent aux nuits sans apporter de changements. Dociles, ils regardaient à tour de rôle le paysage défiler sous eux. Tout en progressant, l'Indien se demandait s'il n'entraînait pas sa femme dans une aventure périlleuse. Il questionnait le vent, mais ce dernier, silencieux, les poussait en avant, toujours plus loin.

Le soleil brillait à l'horizon. Rompus de fatigue, le mari et sa femme songèrent qu'il eut mieux valu rester avec leur tribu quand soudain, l'Indien arrêta le vent dans sa course d'un geste impératif. Il se mit à explorer les alentours. Le spectacle qui s'offrait à lui était surprenant : une prairie où la terre était grasse, des lacs poissonneux et des animaux en grand nombre.

Il se rapprocha de sa compagne et entreprit de lui décrire le paysage qu'ils survolaient, sans pour autant le quitter des yeux, de peur qu'il ne disparaisse.

— Femme, veux-tu savoir ce que je vois? Ça te plairait.

— Oh! Je dois regarder.

Oubliant sa promesse, l'Indienne jeta un coup d'œil vers le bas. Avant que son mari ne puisse réagir, elle admirait déjà la plaine immense qui s'étendait à perte de vue. La femme crie se dit en elle-même que l'Esprit de la Nature ne mettrait pas sa menace à exécution. Ce fut une erreur.

À peine eut-elle regardé que le vent cessa de les porter. Ils se mirent à tomber, tomber, en direction d'une forêt dense et sombre.

En quelques secondes, ils se retrouvèrent dans le nid d'un aigle, à la cime d'un arbre géant.

— Vous avez désobéi. Vous n'êtes plus dans le domaine des Esprits, dit la voix rauque bien connue.

— Eh! Vous n'êtes guère charitable! lança l'Indien. Il n'allait tout de même pas les laisser là, au faîte de cet arbre, alors qu'ils venaient tout juste de découvrir la terre promise?

L'Esprit demeura sourd à leur prière.

Tant bien que mal, le couple s'installa dans le nid, mais le soleil implacable leur brûlait la peau. Ils utilisèrent des feuilles pour se protéger. Le soir venu, un grand aigle s'approcha en tournoyant au-dessus d'eux. L'Indien et sa compagne le supplièrent de les aider à descendre mais l'oiseau refusa. Il continua encore à tournoyer dans le ciel et, dans un mouvement d'ailes, s'éloigna dans les profondeurs de la nuit. Malheureusement, l'épais feuillage cachait aussi leur présence à tous ceux qui passaient près de l'arbre. L'homme et la femme firent des gestes désespérés pour se faire remarquer d'un animal qui avançait sans se presser. C'était un lynx agile et bon grimpeur. Avec un calme souverain, il poursuivit son chemin sans même les regarder.

Les jours et les nuits passèrent. Leurs appels restaient vains. La jeune femme, affaiblie par la faim, n'avait plus de voix à force de crier. Le désespoir la gagnait.

Un matin, des grognements sourds réveillèrent le couple. Tout en bas, un ours arrivait en se dandinant. Bientôt, de violentes secousses ébranlèrent l'arbre. L'ours, en bas, cherchait à attirer leur attention.

— Je vous aide? proposa l'énorme ours noir dressé sur ses pattes de derrière, ses pattes de devant appuyées au tronc rugueux.

En voyant la distance qui les séparait du sol, les deux Indiens prirent peur. La hauteur donnait vraiment le vertige. Ils se décidèrent enfin à se laisser glisser de branche en branche. À mi-chemin vers le bas, ils devaient se laisser tomber pour atterrir sur la fourrure de l'ours, allongé sur le sol.

— Nous pouvons te blesser, dirent-ils à celui qui faisait preuve de tant de courage et de bonté.

Mais l'ours, par des grognements, leur prodiguait des encouragements.

L'un après l'autre, ils s'élancèrent dans le vide et arrivèrent en douceur sur l'ours qui amortit leur chute. L'Esprit de la Nature, qui avait observé toute la scène, décida de récompenser l'animal. Et c'est depuis ce jour que les traces de pieds des ours noirs sur le sol ressemblent à celles des humains.

La colline aux serpents

Au village de Washy, on préparait toujours un bateau plein de fourrures; les hommes forts de la tribu amenaient ces marchandises au magasin des Blancs, à quelques jours du village. Sur le trajet, ils devaient passer par un endroit appelé la colline aux serpents. Là, il y avait un grand portage à faire, mais pas n'importe comment. Lorsqu'ils accostaient, ils devaient être très silencieux, très calmes. En effet, la colline aux serpents abrite des millions de gros serpents dangereux, dévorant et piquant tout être vivant osant s'aventurer sur leur territoire. Le portage était long car les hommes prenaient soin de s'éloigner de la colline qu'ils devaient contourner, pour reprendre leur chemin.

Au milieu du portage, les hommes s'arrêtèrent pour se reposer. Pendant qu'ils mangeaient un peu pour reprendre des forces, un jeune homme, Kassapi, audacieux et téméraire, décida d'aller voir ces gros serpents qui terrorisaient tout le pays. Le cœur léger, ne connaissant pas la peur, Kassapi parti seul vers la colline. Trois heures passèrent et le jeune indien n'était toujours pas de retour. Les hommes s'inquiétèrent. Le chef du groupe décida alors de suivre les traces de Kassapi dans le but de le retrouver. Les traces l'amenèrent directement à la colline aux serpents. Les empreintes s'arrêtaient là. Aucun indice n'indiquait que Kassapi avait rebroussé chemin. Le chef fit une prière, puis retourna rejoindre les autres. Il était maintenant sûr que son jeune ami avait sous-estimé les recommandations de ses aînés et était maintenant mort et dévoré par les serpents.

De retour au camp, il raconta son périple. Les hommes savaient que Kassapi ne reviendrait jamais. Ils levèrent le camp et retournèrent au village, à Island Lake.

Washy, voyant revenir ses hommes plus tôt que prévu, pressentit une catastrophe. Cette intuition se confirma à la triste mine des hommes. Il en manquait un. Il ne voyait pas son fils!

— Où est mon fils? demanda-t-il au chef de l'équipage qui s'approchait de lui.

— Ton fils est parti, répondit-il, il ne reviendra pas.

Alors, comme on le fait lorsqu'il y a une catastrophe dans la tribu, le chef entra dans son tipi et raconta à sa femme ce qui s'était passé.

La femme se mit à pleurer et à geindre, rappelant son fils auprès d'elle. Le père se joignit à elle en implorant les esprits de la mort. Tous les membres de la tribu partagèrent leur peine et firent une cérémonie.

Soudain, le père s'arrêta et dit :

— Pourquoi est-ce que je pleure? Je peux pleurer toutes les larmes de mon corps, ceci ne ramènera pas mon fils.

Se tournant vers sa femme, il ajouta :

— Notre fils ne reviendra pas. Demain, on ira sur ses traces, tous les deux. Je ne veux pas que d'autres vies soient prises par ces serpents.

Le lendemain matin, munis d'un simple bagage contenant

de la nourriture, une tente, une pipe et quelques habits, ils prirent un canot léger et partirent vers la colline aux serpents, là où leur fils avait été vu pour la dernière fois.

Avec précaution, ils installèrent leur camp. Washy monta la tente. Il la solidifia et boucha tous les trous. Puis, Washy, accompagné de sa femme, entra dans la tente en prenant soin de bien la refermer. Il fuma sa pipe pendant que sa femme fredonnait une complainte. L'homme se leva, fumant toujours sa pipe, et marcha doucement dans la tente en invoquant l'oiseau du tonnerre.

Puis, au coucher du soleil, un gros oiseau obscurcit le ciel laissant derrière lui d'immenses nuages noirs. Très vite, le tonnerre gronda, les éclairs perçaient le ciel et la pluie tombait lourdement, fouettant le sol. Le vent soufflait si fort qu'il pliait les arbres les plus solides. Le sol tremblait, les éclairs foudroyaient la colline. La tempête dura toute la nuit. Au lever du soleil, un calme déroutant avait remplacé la tempête. Le ciel avait retrouvé son bleu d'azur et le soleil réchauffait joyeusement la terre.

Lorsque Washy sortit du tipi, quelque chose avait changé. Il se dirigea vers la colline aux serpents. Là, un spectacle bouleversant l'attendait. Des serpents gisaient partout, déchiquetés par la foudre, sur le sol dénudé. Washy traversa la colline de long en large et ne vit que ce spectacle lugubre. Pas un serpent n'avait survécu la tempête de l'oiseau du tonnerre. Washy rejoignit sa femme, plia la tente et retourna au village.

De retour chez lui, il décrivit ce qu'il avait vu sur la colline aux serpents.

— Je peux maintenant dormir en paix, dit-il, plus personne ne mourra sur cette colline.

Afin de s'assurer qu'il ne restait plus de serpents sur la colline, Washy y retourna seul. Arrivé au portage, il ne retrouva pas la colline; elle s'était aplatie. Toutefois, il pouvait encore voir de gros serpents déchiquetés qui se décomposaient. Une odeur nauséabonde polluait l'air. Plus rien n'y poussait, ni n'y vivait.

Aujourd'hui, la vie ayant repris son cours, il y a de l'herbe, mais pas de serpents.

Qu'Appelle

Au XVIIe siècle dans la « grande forêt des fourrures », la baie d'Hudson, demeurait, en dépit du traité d'Utrecht, une région prisée des Canadiens. Malgré l'interdiction de faire le commerce des fourrures, ils avaient l'intention ferme d'y passer outre. Ils défiaient ainsi la Compagnie de la Baie d'Hudson qui possédait le monopole des fourrures. Des postes français clandestins avaient été établis un peu partout, dans la région du Nord-Ouest dont faisait partie le Manitoba d'aujourd'hui.

Vers 1750, Le Gardeur de Saint-Pierre et ses compagnons partirent en expédition avec quelques guides. L'un d'eux, Pied-Léger, qui connaissait plusieurs dialectes et parlait français, servait d'interprète à l'équipe. Bien qu'heureux d'accompagner des hommes aussi valeureux que Le Gardeur et ses compagnons, le jeune Cri avait l'âme en peine. Là-bas, dans la vallée débouchant sur la rivière Assiniboine, sa promise l'attendait. Un soir, assis au pied d'un arbre, seul et mélancolique, il portait son regard au loin pendant que les voyageurs, installés en rond autour d'un feu de camp, chantaient de vieux refrains. Pied-Léger estimait que dans une lune ou deux, si le temps le lui permettait et que la chance lui souriait, il serait auprès de Bois-Fleuri. La jeune Crie était plus belle que le plus beau des paysages, plus radieuse que le plus radieux des couchers de soleil... Non, il n'échangerait pas sa fiancée pour un riche chargement de fourrures.

Pourtant, lui rappelaient les Français, la fourrure vaut de l'or. « Tu pourrais te payer toutes les Indiennes que tu voudrais », disaient-ils. Et ils riaient en lui tapant sur l'épaule.

Ah! Ces Français... Pied-Léger les aimait bien. De caractère rude et d'une grande avidité au gain, ils se révélaient courageux, bons vivants et d'agréable compagnie. Après une journée de navigation épuisante, une fois les tentes montées au bord de la rivière bouillonnante et le repas pris en commun, Pied-Léger aimait les entendre parler des femmes. À l'unanimité, ils reconnaissaient la grande beauté des femmes Cries.

« Bois-Fleuri est encore plus belle, heureusement que les voyageurs ne vont pas au camp » se disait Pied-Léger.

Se souvenait-il du jour où il l'avait aimée ou était-ce depuis toujours? Il l'ignorait. Après une longue absence du camp, il avait été bouleversé en revoyant Bois-Fleuri, grande et mince, et portant de longues tresses noires. Non pas noires, bleues... oui, bleues. Ses yeux étaient souriants et tendres; et quand elle baissait les paupières, son visage avait encore plus de charme. Pied-Léger ne pouvait oublier les lèvres de Bois-Fleuri, des lèvres rouges, sensuelles et invitantes.

Quelques jours plus tard, il avait eu le bonheur de la serrer contre son cœur... Depuis, rien n'avait plus d'importance pour Pied-Léger que cette fille silencieuse assise auprès de lui. Il l'avait demandé en mariage. Désireux d'acquérir quelques biens avant les épousailles, l'amoureux avait fait un long voyage à travers les plaines, en compagnie des voyageurs.

N'exigeant ni argent ni cognac comme le voulait la coutume, il désirait ardemment un canot, et la chaîne d'or suspendue au cou d'un des voyageurs... Ses requêtes furent satisfaites. Grâce à un canot plus maniable que ceux construits par les Cries, Pied-Léger transporterait les chargements de peaux achetées aux autres Indiens. Il les vendrait directement au fort français le plus proche. De toute façon, il s'absenterait moins du camp et il serait plus libre. Toutefois il souffrait à l'idée d'être éloigné de sa belle qu'il imaginait seule au bord de la rivière pensant à lui et souhaitant son retour.

Ce soir-là, Pied-Léger rêva longtemps à Bois-Fleuri. Demain serait une rude journée. Les rapides seraient nombreux et dangereux. À la pointe du jour, les voyageurs se remettraient en route.

Plusieurs lunes passèrent. Vint le jour où Pied-Léger fut libre de retourner dans sa tribu. Plein de vigueur il pagayait avec adresse en esquivant les dangers. L'automne tirait à sa fin. Les pluies avaient grossi le flot de la rivière qui charriait des branches cassées, gênant ainsi sa navigation. Lorsque la fatigue le gagnait, Pied-Léger chantonnait les refrains des Français. *Je vais revoir ma mie* était sa chanson préférée. À la frontière de ce qu'est aujourd'hui la Saskatchewan, le terrain ondulait et ses flancs étaient recouverts de chênes et de pins. La nature sauvage était intacte. « Quel étrange et attachant pays! » pensait Pied-Léger.

Il avait vu tant de variétés de sols, d'arbres et de rivières durant son long voyage, qu'il imaginait son coin de terre d'un œil nouveau.

La nuit tomba alors qu'il ne lui restait que quelques heures de canotage; il dut faire halte malgré le désir de rejoindre sa belle le plus tôt possible. La pleine lune glissait derrière les nuages poussés par la brise. Il fouilla du regard l'affluent de l'Assiniboine qui s'élargissait en forme de lac, bordé de bosquets et d'arbres. Une petite oasis, dans le tumulte de la rivière... « Demain, oui demain, je serai près de toi, ô chère maîtresse; tu m'es plus chère que mon âme... Nous viendrons ici, tous les deux... bientôt, à demain », pensait Pied-Léger. Épuisé il s'allongea sur une peau de fourrure et s'endormit aussitôt.

Au milieu de la nuit, Pied-Léger se réveilla brusquement : il avait le cœur serré. « Qu'est-ce qui a pu m'éveiller? Un animal, peut-être... » Il se leva de sa couche et s'approcha de la rive. Des vaguelettes argentées sur le lac frissonnaient sous le vent. Une profonde mélancolie s'empara de Pied-Léger qui aurait voulu en connaître la cause. Il entendit soudain une voix mélodieuse l'appeler par son nom : « Pied-Léger! » Puis un soupir, et encore une fois : « Pied-Léger! » Le jeune homme pâlit. Il venait de reconnaître la voix de Bois-Fleuri. C'était elle, il en était certain. Intrigué, il interrogea l'espace.

N'obtenant aucune réponse, il reprit : « Qui appelle? » Puis encore plus fort : « Qui appelle? » De nouveau, la voix tant aimée, répercutée par l'écho, prononça son nom. Le jeune homme pressentit un malheur. Sans perdre une minute, il ramassa ses effets et sauta dans son canot. Il rama avec force jusqu'au matin. À la réserve des Cris, la consternation régnait.

À la tente de Bois-Fleuri, ses frères de sang veillaient, assis autour d'un feu en psalmodiant des chants funèbres. Pied-Léger, d'une pâleur extrême, pénétra à l'intérieur de la tente qu'il trouva vide; alors, il se jeta à terre pour cacher sa douleur. Les Anciens eurent beaucoup de mal à le ramener à la raison et lui raconter l'aventure de Bois-Fleuri. Sachant que Pied-Léger était tout près, elle était partie à sa rencontre dans son trop frêle canot et... elle s'était noyée. Impuissants à la secourir, des hommes avaient vu son corps disparaître dans les flots.

— Elle a crié ton nom plusieurs fois, disaient ceux qui étaient allés à son secours. Elle a crié ton nom...

— Cette nuit? demanda Pied-Léger.

— Oui, lorsque la lune était à son plus haut, répondirent-ils.

C'était bien la voix de sa bien-aimée qu'il avait entendue. Et la douleur ravageait son cœur. Si seulement il était rentré directement, malgré la nuit, son amour serait encore là, à entendre sa voix. Il remonta dans son canot et partit comme un fou à la recherche de sa fiancée. Personne ne put l'en empêcher.

On ne revit jamais ni Pied-léger ni son canot. A-t-il retrouvé la femme qu'il aimait? On le croit volontiers.

Souvent les voyageurs qui passent par le pays de Pied-Léger et de Bois-Fleuri s'arrêtent sur les lieux de la tragédie. Au retour, ils prétendent avoir entendu l'écho d'une voix féminine et l'appel d'une voix masculine :

« Qu'appelle? Qu'appelle? Qu'appelle? »

Puis, après un silence, le bruit d'un aviron frappant l'eau.

En mémoire de Pied-Léger et de Bois-Fleuri, le cours d'eau et sa vallée ont été nommés « Qu'Appelle ». Selon une croyance, les lieux sont hantés par la présence des deux amants disparus.

Les trois sœurs

Le lac Winnipeg est un lieu de villégiature agréable qui attire annuellement des milliers de vacanciers. Lorsque le vent se lève, des vagues se forment et rident la surface de l'eau. En y regardant de plus près, on constate un phénomène étrange : chaque neuvième vague s'élève à une hauteur surprenante. Cette vague majestueuse, composée de trois vagues qui roulent et s'enroulent sur elles-mêmes, a une histoire que voici.

Les vagues sont en réalité les nymphes des eaux de Gimli. La vague, qui porte le nom d'Agnès, ouvre le chemin à ses sœurs aînées, Mabel et Becki.

Selon la légende, un prince qui habitait dans les environs du lac Winnipeg naviguait souvent avec sa suite à bord d'un bateau. Morann, le jeune prince, remarquable par sa laideur et la difformité de son corps, effrayait ceux qui le rencontraient; aussi multipliait-on les moqueries dès qu'il avait le dos tourné. On le trouvait si monstrueux que ses proches se seraient volontiers débarrassés de lui.

Un jour, une tempête surprit Morann sur le lac. Il regardait les vagues s'amonceler et faire tanguer le bateau. Lorsqu'elles heurtèrent la poupe du navire, l'équipage s'enfuit et Morann demeura seul à observer la nature déchaînée. Brusquement, l'embarcation pencha et le prince fut projeté par-dessus bord. Les trois sœurs, qui allaient l'une derrière l'autre, connaissaient le prince qu'elles avaient souvent vu sur le pont de son bateau. Le voyant en danger, elles s'avancèrent vers lui en roulant rapidement.

Devançant ses sœurs, Agnès saisit le jeune homme au moment où il allait se noyer. Morann habitué à voir son entourage le fuir à cause de sa laideur fut ravi de se retrouver dans des bras aussi tendres. Agnès soupçonnait sous cette vilaine apparence le battement d'un cœur aussi pur que le cristal. Pour mieux le protéger, elle le pressa si fort contre elle que son cœur et celui du prince battirent au même rythme.

Cupidon qui souhaitait cette rencontre ne manqua pas de leur décocher une flèche. Comme par enchantement, Morann sentit son corps difforme se redresser dans les eaux tumultueuses. Il était métamorphosé en un prince très séduisant, le plus beau que la terre n'ait jamais porté.

Agnès, douce et caressante comme une brise printanière, ne se lassait pas de regarder et d'admirer celui dont elle venait de sauver la vie. Elle souhaitait si ardemment se retrouver dans un corps humain. Par ailleurs, Morann voyait en elle la plus belle vague du monde.

Agnès appela son père, le dieu des eaux, et le supplia de lui rendre sa liberté afin d'épouser le prince charmant. Son père tenta de la dissuader :

— Si tu deviens un être humain, Agnès, ta vie sera difficile et tu ne vivras pas éternellement. N'es-tu pas heureuse de voyager à ta guise dans le lac et de faire ce que tu veux? Avec tes sœurs, tu règnes sur le lac.

Et le père réussit ainsi à la faire changer d'avis. Alors,

Morann, qui ne voulait pas se détacher de la trop belle Agnès, resta lié à elle.

À leur tour, les sœurs aînées, tombèrent amoureuses du jeune noble. Mabel, jalouse du bonheur d'Agnès, la poursuivait en l'éclaboussant continuellement et en s'élevant aussi haut que possible pour l'atteindre et la blesser. Mais Agnès parait ses coups avec adresse. Son bonheur auprès de Morann était extrême.

Becki, dévorée d'une passion encore plus folle, s'efforçait de traquer les deux amants; elle prenait son élan, se roulait en gémissant sourdement et reparaissait menaçante et furieuse. Heureusement pour Agnès, Mabel séparait poursuivante et poursuivis. Ne pouvant atteindre leur jeune sœur et s'emparer de Morann, les flots redoublaient de rage.

Cette lutte se poursuit toujours. Aujourd'hui, quand on regarde attentivement le lac Winnipeg, on voit deux vagues à la poursuite d'une troisième qui leur échappe en riant. Victorieuse et confiante en elle-même, Agnès forme une vague haute et puissante. Elle déferle harmonieusement, entraînant avec elle son bien-aimé dans une danse frémissante. Puis viennent ses sœurs, folles de jalousie, à la poursuite des amants inséparables.

Si un jour vous vous rendez au lac Winnipeg, arrêtez-vous et comptez les vagues. À la neuvième, vous découvrirez que la danse effrénée produit une magie qui s'emparera de vous.

Les trois cloches

Autrefois, il n'y a pas si longtemps, la cathédrale de Saint-Boniface avait dans son clocher trois cloches de grosseur différente. Pendant longtemps, elles ont vibré pour inviter les fidèles aux rendez-vous de la prière et souhaiter la bienvenue aux immigrants. Aujourd'hui, leur appel n'a plus le même tintement car un nouveau carillon a remplacé les cloches de la célèbre cathédrale. Les anciens qui se souviennent de leur légende en parlent encore.

Monseigneur Provencher, premier évêque de la Rivière-Rouge, avait érigé une humble petite église de bois pour tenir lieu de rassemblement. Plus tard, il avait réussi tant bien que mal à obtenir des fonds afin de construire une église plus grande, et d'y installer trois cloches au haut du clocher. En 1839, l'évêque s'adressa à un grand artiste de White Chapel en Angleterre. Mears, disait-on, fabriquait les plus belles cloches au monde. Malheureusement, les cloches commandées par Mgr Provencher, les mêmes qui seront refondues à la demande de Mgr Taché, connurent plusieurs déboires avant leur installation permanente. Arrivées à Saint-Boniface en décembre 1864, la veille de Noël, les cloches avaient fait cinq fois le trajet entre l'Europe et l'Amérique. Incroyable mais vrai!

Mears, qui avait acquiescé à la demande de Mgr Provencher, recevait des commandes de partout. Il avait donc confié la fabrication des premières cloches de Saint-Boniface à McDowald, son meilleur élève. Cet artiste prometteur, pendant ses loisirs, allait de bar en bar en compagnie de matelots et il se bagarrait avec n'importe qui, dès qu'il avait un coup dans le nez.

Un jour, alors que son travail était déjà fort avancé, il s'impatienta. S'emparant de la plus petite des cloches, il la jeta dans le feu qui servait à la fonte du bronze. Lorsque la cloche fut rouge, il la retira et la frappa de toutes ses forces. La pauvre petite, toute défigurée, ne ressemblait plus qu'à un vil morceau de bronze aplati par le géant. Personne n'aurait pu imaginer que cette plaque de métal avait été l'embryon d'une cloche.

Se tournant ensuite vers la plus grosse cloche suspendue dans un coin de l'atelier, McDowald la frappa à l'aide d'un marteau de forgeron. Elle se balançait violemment dans toutes les directions quand une corde glissa : la cloche alla heurter l'homme qui détruisait son œuvre. L'artisan tomba, la tête ensanglantée.

Le vacarme avait attiré Mears et les autres travailleurs qui constatèrent les dégâts. Mears comprit vite la situation. En soulevant McDowald, il l'entendit murmurer dans un dernier souffle :

— Ces cloches n'iront jamais à Saint-Boniface.

Puis il expira, une expression de tristesse peinte sur son visage.

Mears déplora l'incident malheureux; il demanda à son équipe de n'en souffler mot à personne. Il s'occupa lui-même des cloches qu'il voulait réussir de son mieux, même si ce travail d'artiste exigeait beaucoup de temps. Enfin, en 1840, les cloches furent chargées sur un bateau en partance pour Churchill et, quelques mois plus tard, elles arrivèrent à bon port. Hélas! Lorsque vint le temps de les transporter par canot jusqu'à la colonie de la Rivière-Rouge, les porteurs manifestèrent leur mécontentement. Pensez donc, transporter une charge de plus de 16 000 livres!

Le voyage à l'intérieur des terres fut un véritable calvaire. Les rapides et les nombreux portages ralentirent maintes fois les efforts de ces hommes vigoureux. Quelques-uns d'entre eux tombèrent sous le poids du chargement et ne purent se relever. Que de fois on maudit la religion et les cloches! Finalement, on arriva à Norway House, au nord du lac Winnipeg, où les braves voyageurs accostèrent avec joie. Mais... ils n'étaient pas au bout de leurs peines. Quand on leur ordonna de reprendre le trop lourd fardeau, ils refusèrent d'aller plus loin. Ce fut la première grève des transports au Manitoba! Plusieurs mois s'étaient écoulés depuis le départ des cloches de l'Angleterre. Une malédiction pesait-elle sur elles?

Les transporteurs qui craignaient le pire ne connaissaient pas la détermination de Mgr Provencher. L'évêque usa de son influence pour convaincre McDermot, homme très estimé dans la colonie, de mettre fin à la grève et de commander le transport du chargement à Saint-Boniface. Ainsi, trois ans après leur fabrication, les cloches égrenèrent leurs sons joyeux à plus de cinq milles à la ronde. À leur appel, les fidèles accouraient prier le Seigneur.

Les trois cloches de Mgr Provencher sonnaient allègrement à l'ouest de la rivière Rouge. La joie inondait le visage des catholiques des Prairies. On les respectait. Leurs cloches étaient un symbole. Grâce à elles, on les reconnaissait en tant que peuple fondateur du Manitoba.

Les années passèrent et Mgr Provencher mourut. Le glas ralentit pour avertir les fidèles de la mort de celui à qui l'on devait les cloches exceptionnelles de la colonie. En 1860, Mgr Taché, son successeur, s'absenta de Saint-Boniface. Un feu incontrôlable éclata dans la cuisine de l'évêché et s'attaqua rapidement à la cathédrale. Les cloches sonnèrent le tocsin pour appeler au secours. Les fidèles impuissants se lamentaient devant le feu lorsque, tout d'un coup, le clocher en bois, dévoré par les flammes, s'effondra dans un fracas épouvantable. La terre trembla. Sous la proie des flammes, les cloches vibrèrent pour la dernière fois, fondant dans la chaleur extrême du feu vorace.

L'incendie avait liquéfié la neige accumulée depuis un mois. En ce début de décembre, les témoins de l'incendie avaient enlevé leur manteau tellement la chaleur du brasier était intense. Lorsque la conflagration fut maîtrisée, on fouilla les cendres et on découvrit trois monticules de bronze. Les cloches étaient complètement détruites. Les Canadiens français virent dans cette catastrophe la réalisation d'un mauvais sort.

Lorsque Mgr Taché revint du Nord en février 1861, et qu'il vit les ruines de la cathédrale, il ne se laissa pas abattre. Il fit récupérer les restes des cloches et fit appel au Bas-Canada afin d'obtenir un appui financier. Il alla aussi en Angleterre rencontrer Mears. En examinant l'état du bronze, le maître fut consterné d'un tel dégât. Ne croyant pas aux maléfices, il s'écria :

— Je vais faire refondre ces cloches.

Quelques mois plus tard, éclatantes de beauté, les cloches reprenaient la mer. À Saint-Boniface, on attendait impatiemment leur arrivée.

Mgr Taché reçut alors un télégramme annonçant une mauvaise nouvelle.

— Quel malheur! Confia-t-il à ses ouailles. Une tempête a dérouté le bateau qui transportait les cloches. Il se dirige maintenant vers Terre-Neuve. Mes amis, nous n'avons plus qu'à prier.

L'attente dura jusqu'au jour où des voyageurs arrivèrent en annonçant que les cloches se trouvaient à Saint-Paul, au Minnesota. Elles avaient, par mégarde, été débarquées au port de Portland, dans le Maine.

On chercha un moyen de transport, mais celui que l'on trouva s'avéra si onéreux qu'on décida de renvoyer la marchandise en Angleterre, de la faire revenir par bateau en passant par la baie d'Hudson, et ensuite par la rivière Rouge. Ce voyage eut lieu vers 1862. Enfin, en 1864, les cloches furent de nouveau suspendues au-dessus de la nouvelle cathédrale reconstruite cette année-là.

Les cloches furent installées sur des attaches de bois. Mgr Taché voulait ainsi s'assurer qu'aucun son ne résonnerait avant qu'un support plus solide ne soit construit. En réalité, la stratégie utilisée par Mgr l'archevêque faisait appel, une fois de plus, à la générosité des catholiques.

Quatre années passèrent. Un jour d'été, un épouvantable ouragan s'abattit sur la plaine et balaya tout sur son passage. La cathédrale ne fut pas épargnée. Son toit fut emporté, morceau par morceau, et ses vitraux, achetés à grand prix à Saint-Paul, volèrent en éclats. Sur leur support temporaire, les cloches faisaient piètre figure; par miracle, elles résistèrent à la tempête.

On dut attendre plusieurs années avant que les réparations de la cathédrale ne fussent terminées. Enfin! En 1883, les cloches furent solidement suspendues au clocher. Elles avaient connu plusieurs péripéties avant de carillonner de nouveau dans le ciel manitobain.

Cette légende est racontée aujourd'hui par plusieurs Saint-Bonifaciens. Certains sceptiques disent que ce sont des circonstances fortuites qui ont occasionné tous ces retards.

En 1968, la cathédrale fut de nouveau détruite par un incendie. Une fois de plus, les cloches ne furent pas épargnées. Aujourd'hui, il n'en reste que les battants conservés au Musée de Saint-Boniface. Un nouveau carillon composé de cinq cloches est en place depuis 1972. Deux d'entre elles ont été fabriquées en France et les trois autres dans des ateliers de la région.

Et les cloches de la cathédrale invitent toujours les catholiques de la Rivière-Rouge à des prières de louange et de gratitude.

Les sauterelles

Au Manitoba, on entend souvent parler de l'invasion des champs par les sauterelles. Au début du siècle, il arrivait que des milliers de sauterelles envahissent la prairie et dévastent la moisson la plus prometteuse. Rien ne pouvait arrêter ce fléau, habituellement suivi d'une disette.

Une année, la nuée de sauterelles qui s'abattit sur les cultures se fit plus menaçante que jamais. Un matin, au plus fort de l'attaque, dans la paroisse de Saint-Eustache, le chemin qui conduisait au bac de la rivière Assiniboine fut recouvert de ces insectes qui faisaient de trois à quatre pouces de longueur.

Les habitants de la région se crurent victimes d'hallucinations en voyant « sauter » la route devant leurs yeux. En réalité, la route était grouillante de sauterelles. Ces insectes à longues pattes, jugeant probablement indigne d'utiliser le bord du chemin, avaient choisi d'en occuper la partie centrale.

Mgr Taché s'était rendu sur les lieux afin de prier le ciel d'éloigner le fléau. Revêtu de ses habits sacerdotaux, il avait invité les sauterelles à se joindre au défilé et à se jeter dans la rivière Assiniboine.

Le phénomène était étonnant car les sauterelles venaient de partout; elles quittaient les champs où elles avaient pourtant une bonne nourriture pour se joindre au cortège. On aurait dit qu'elles répondaient à l'invitation extraordinaire tellement elles s'empressaient. Leur passage dura une journée entière sous les yeux d'une population émerveillée de les voir se diriger en toute hâte vers la rivière où une « joyeuse » noyade les attendait.

Les paroissiens de Saint-Eustache, témoins de ce miracle, l'ont raconté si souvent qu'il est maintenant connu comme « La légende des sauterelles ».

Les oisillons de Rennie

(légende contemporaine)

Bérard

À Rennie, petite localité manitobaine, vivait un homme qui aimait passionnément la nature. Un jour, alors qu'il se promenait dans la forêt, Alfred Hole découvrit, près d'un ruisseau, des oisillons abandonnés. Ceux-ci ouvraient tout grand leur bec en poussant des cris plaintifs. Pris de pitié, le promeneur se pencha, les ramassa délicatement et, pour les réchauffer, les mit dans les poches de son veston. Tout en les flattant de la main, il reprit la direction de sa ferme.

Arrivé chez lui, Alfred Hole les nourrit, puis les installa sur la paille au fond d'une boîte. Le fermier prit grand soin de ses oisillons. Bien plus, il creusa un petit étang afin qu'ils puissent nager à leur guise.

Comme ses protégés le fascinaient beaucoup, Hole se mit à les observer très attentivement, prenant bien soin de noter leurs goûts, leurs habitudes et leurs déplacements. Un jour d'automne, installé à son poste d'observation, tout près des volatiles, Alfred Hole entendit des cris aigus. Il vit alors des oiseaux se diriger vers le sud. C'étaient des oies sauvages. Il les reconnaissait à leur manière de voler, en formation d'un V, dans le ciel.

— Des oies dans ces parages! s'étonna Hole.

Il était surpris car il en avait rarement vu passer par là. Toutefois, il fut encore plus stupéfait de voir ses oisillons se mettre à voleter autour de lui en poussant de grands cris. Soudain, ils s'élancèrent à tire-d'aile en direction des oies.

À son grand étonnement, le fermier venait de se rendre compte qu'il avait hébergé des oies sauvages. N'ayant pu les retenir, il se sentait triste.

Le printemps suivant, il passa de longues heures à scruter le ciel, guettant la venue des oies sauvages.

— Rien... toujours rien, disait-il en hochant la tête.

Mais il gardait espoir et continuait à entretenir l'étang. Il décida même de l'agrandir et de semer des graminées dont les oies raffolaient. L'automne approchait et si ses oisillons ne revenaient pas... Quelle déception ce serait!

Cet hiver-là fut plus rude que d'habitude et la neige tomba en abondance. Surprise! À la fonte des neiges, il entendit des cris aigus et familiers. Le cœur plein de joie, il prit le chemin de l'étang où il assista à l'arrivée de ses protégés.

Très haut dans le ciel, les oies firent une reconnaissance des lieux, puis finalement se posèrent bruyamment au bord de l'eau. Elles se mirent à préparer leurs nids puis s'y installèrent immédiatement pour couver leurs œufs. À la fin de l'été, la petite famille s'était déjà agrandie.

Entre le printemps et l'automne, les oies eurent le temps d'élever leur couvée. Quand le froid se fit sentir à nouveau, tout ce petit monde était prêt à s'envoler vers le sud, au regret du fermier.

Heureusement, au fil des ans, les outardes vinrent de plus en plus nombreuses à l'étang d'Alfred Hole.

Cette histoire ne serait qu'une simple anecdote parmi tant d'autres, si l'oie sauvage du Canada n'avait pas été à cette époque en voie de disparition.

La « légende » veut que depuis l'arrivée des outardes à Rennie, leur nombre augmenta à un point tel que l'étang d'Alfred Hole devint trop petit pour les recevoir toutes.

Aujourd'hui, le sanctuaire de ce bon monsieur occupe une étendue de près de quatre milles carrés et fait partie du parc Whiteshell. Celui qui a le loisir d'aller y observer les oies sauvages, aura certainement une pensée amicale pour cet homme solitaire qui, un jour, alors qu'il se promenait dans la forêt... recueillit des oisillons.

Les maringouins
à lanterne

Au bord de la rivière Rouge, vivaient, avec toute sa famille, un fermier du nom de Napoléon Chartrand. « Nos quelques acres ne suffisent plus! » dit-il, un jour, à sa femme. Et il décida de partir vers le sud afin de prospecter une bonne terre à défricher. Son voisin Marteen insista pour l'accompagner.

Après avoir entassé provisions et matériel dans une charrette attelée à des bœufs, ils prirent la route en chantant. Deux jours plus tard, ils crurent avoir trouvé ce qu'ils cherchaient. Ils mirent pied à terre afin de voir de plus près à quoi ressemblait cet endroit. Oh, oui! C'est là qu'ils voulaient s'installer : terres boisées et fertiles, à peine exploitées, favorables à la culture, descendant en pente douce vers une rivière.

C'était l'été et il faisait une chaleur moite. Les deux amis s'activèrent et montèrent la tente avant que la nuit ne vienne. Après le souper, les deux hommes allumèrent leur pipe et fumèrent tranquillement autour du feu. Ils se sentaient bien. Or, en cette superbe soirée, une nuée de moustiques, appelés maringouins, s'abattit sur eux.

Napoléon continuait de tirer des bouffées sans trop prêter attention à ces bestioles indésirables. Il avait la peau dure. Le pauvre Marteen, lui, essayait méthodiquement de se débarrasser de ces insectes suceurs de sang qui venaient gâcher leur veillée. Cela était désolant. Pas le moindre souffle d'air pour les faire fuir. Marteen était de mauvaise humeur. Il se morfondait tout en s'assénant de petits coups secs sur les bras.

— La région est belle, mais infestée de maringouins, constata-t-il avec une grimace.

Napoléon tentait de rassurer son compagnon, tout en se réjouissant de ce spectacle gratuit. Il allongea le bras et se donna une claque dans le cou. Les deux hommes n'avaient aucune raison de rester plus longtemps dehors. Ils prirent la résolution de rentrer sous la tente avant de se faire dévorer vivants.

Après avoir mis des cendres sur le feu et s'être bien assurés que ce dernier était éteint, ils s'engouffrèrent dans l'abri. Marteen recouvrait ses morsures avec de la glaise afin d'en calmer la brûlure. Il s'allongea sur le dos. Au même moment, une luciole pénétra sous la tente. Ne trouvant aucune issue, la bestiole qu'on appelle « mouche à feu », se mit à voleter dans l'espace restreint. Son corps luisait d'une couleur translucide.

Marteen découvrit le coléoptère lumineux, leva la main et arrêta son geste tant sa surprise était grande. Prenant le petit animal pour un maringouin, il poussa un juron :

— Ah! toi, mon gaillard!, dit-il à l'intention de l'insecte lumineux.

Puis, se tournant vers Napoléon avec un regard réprobateur en montrant l'hôte indésirable, il ajouta :

— Je ne m'installerai pas sur cette terre. Ces maudits maringouins ont pris des lanternes pour mieux voir où nous piquer.

Napoléon riait devant tant d'innocence. Cela lui plut tant qu'il raconta partout cette petite aventure.

Depuis, nombreux sont ceux qui appellent les lucioles, « maringouins à lanternes ».

Les feux-follets
de Killarney

Les Indiens croient que les esprits malicieux sont les maîtres de la nuit. Gare alors à celui qui les rencontre! Selon les Autochtones du Manitoba, l'apparition d'une aurore boréale incite les esprits malins à danser. Ainsi, les jeunes chasseurs ne vont jamais se coucher avant de tirer quelques flèches pour éloigner ces visiteurs importuns qui pourraient les empêcher de dormir. Les nuits où le vent souffle, il faut faire attention, disent-ils, car les feux-follets se laissent porter et disperser par le vent.

Si, au contraire, l'air est calme, les feux-follets sortent en moins grand nombre car ils sont paresseux; ils préfèrent se laisser porter plutôt que de marcher. Ils se déplacent donc en dansant au gré du vent puis, par petits groupes, se mettent à l'affût des passants et leur jouent des tours. Ils chantent et rient aux éclats dès qu'ils ont réussi un mauvais coup. Leurs cibles préférées sont les jeunes gens naïfs qui croient tout savoir; cependant, ils harcèlent aussi les personnes âgées qui pressent le pas dans la rue, à la tombée de la nuit.

Les feux-follets ou farfadets, croit-on, ne vivent qu'en Irlande. On a tort car il en existe ailleurs, même au Canada. Les feux-follets se sont déjà manifestés au Manitoba. On les a vus, il y a quelques années, au village de Killarney.

Deux jeunes Irlandais étaient allés fêter la fin d'une longue semaine de travail, au bar du motel « Lakeside ». Après avoir consommé quelques verres de bière, les deux amis s'étaient mis à rire et à parler à tue-tête, au point de gêner les autres buveurs. La soirée se faisait de plus en plus joyeuse. À minuit, le patron du motel, qui avait fait preuve de patience envers ces garçons bruyants, décida de mettre fin à leur fête avant que la boisson n'ait raison d'eux. S'approchant des fêtards, il les pria poliment de rentrer chez eux.

— Oui, c'est ça, rentrez avant que les lutins vous entraînent dans leur danse infernale, conseilla un vieillard.

Les deux camarades ne purent retenir leurs rires; ils ne croyaient pas à de telles balivernes.

— Riez si vous voulez, ajouta le patron de l'établissement, mais sachez que les feux-follets sont les rois de la nuit. Et il retourna derrière son comptoir en riant dans sa barbe.

— Ils aiment surtout les jeunets comme vous, renchérit le vieillard.

Intrigués, les deux jeunes s'approchèrent du vieux.

— Voyons, lui dirent-ils, vous ne croyez tout de même pas à ces sornettes. Nous ne sommes pas en Irlande ici. C'est vrai qu'à Killarney, il n'y a que des gens d'origine irlandaise...

— Croyez ce que vous voulez. Moi, à votre place, je ne crierais pas. Les feux-follets sont susceptibles et ont la vengeance facile, ajouta le vieil homme en hochant la tête.

L'avertissement fit réfléchir les écervelés qui décidèrent néanmoins de rentrer à la maison. Chemin faisant, ils s'entretinrent des esprits maléfiques de la nuit.

— S'ils sont si malins que ça, dit l'un, qu'ils se montrent!

— Comment? demanda l'autre.

— Je ne sais pas... Tiens, tu vois cet arbre là-bas?

— Où?

— Là, à gauche.

— D'accord, je vois. Et alors?

— Eh bien! que les feuilles tombent immédiatement si les feux-follets existent.

Son copain se mit à rire. C'était l'été. Les feuilles vertes étaient solidement attachées aux branches. Au moment où il cherchait une réplique, l'arbre s'agita violemment de gauche à droite comme sous la poussée d'une bourrasque. En un rien de temps, toutes les feuilles tombèrent et jonchèrent le sol. L'arbre était complètement dépouillé. L'un des deux remarqua :

— C'est vrai que les feuilles sont tombées, mais... mais c'est le vent qui a fait ça.

Ayant marché avec trop d'empressement, ils durent s'arrêter sous un lampadaire pour reprendre leur souffle. Là, ils aperçurent une pompe à incendie; elle était neuve et d'un rouge éclatant. À la fois intrigués et amusés, les amis se regardèrent et s'écrièrent à l'unisson :

— S'il y a des feux-follets, qu'ils changent la couleur de la pompe.

À l'instant même, la pompe se teinta d'une couleur vert pomme, brillante et superbe! Sans attendre une seconde de plus, les jeunes fous prirent leurs jambes à leur cou et coururent se barricader dans leur maison.

Depuis ce jour, la pompe à incendie peinte en vert est devenue l'une des curiosités de la ville; elle intrigue les touristes à qui on raconte la légende des feux-follets.

Si vous allez à Killarney, demandez à un jeune s'il croit aux esprits de la nuit. Sa réponse vous surprendra.

Les canards

Un jour, Nanabozho marchait dans les bois. Soudain, il entendit un bruit insolite. À pas feutrés, il se faufila à travers les arbustes où il aperçut des canards nageant et jouant sur les eaux d'un petit lac. Ces oiseaux palmipèdes avaient un bec jaune et large, des plumes longues et pointues. Voulant se rapprocher des canards, il leur parla doucement :

— Venez, venez par ici, on va jaser ensemble; je ne vous ferai pas de mal. Approchez, approchez, n'ayez pas peur.

Confiants, les canards se dirigèrent vers Nanabozho pour engager la conversation. Ils ignoraient que Nanabozho était affamé et qu'il cherchait les moyens de se faire une bonne provision de chair tendre! Nanabozho se disait en lui-même : « Si j'en tue un ou deux, les autres vont s'enfuir et je n'en aurai pas pris suffisamment. Il me faut trouver un moyen d'ensorceler les canards, les canes et les canetons ». Après quelques instants de réflexion, une idée originale traversa son esprit. Nanabozho ferait un feu et inviterait les canards à danser.

— Écoutez, leur dit-il, dansez pour moi. Je vais donner un grand prix au meilleur danseur. Dansez quelque chose de très spécial. Mais vous devez danser les yeux fermés. Entendu?

— Oui, oui, cancanèrent les canards fous de joie.

Nanabozho fit un grand feu sur le bord du lac et les canards se mirent à danser les yeux fermés, tournant autour de la flamme de plus en plus vite, et exécutant des pas gracieux pour séduire leur juge. De son côté, Nanabozho chantait et faisait beaucoup de tapage; il jubilait en se rendant compte que les canards le craignaient de moins en moins et qu'ils se rapprochaient de lui.

À un moment donné, Nanabozho décida de passer à l'action. Chantant d'une voix forte pour couvrir les bruits des canards, il saisit un danseur, l'étrangla aussitôt et le mit dans son sac. Un deuxième, un troisième, un quatrième et un cinquième rejoignirent le premier. Les canards, incapables d'entendre les cris de détresse des victimes, continuaient leur danse rythmée et endiablée avec le même désir de gagner le prix.

Après quelque temps, un caneton plus curieux que les autres voulut s'informer du prix que le juge allait décerner au meilleur d'entre eux. Violant la consigne, il ouvrit un oeil. Horreur! Nanabozho était en train de décapiter son petit ami. Il s'écria :

— Hé! Hé!, on s'est fait prendre. On s'est fait prendre. Sauvons-nous. Nanabozho va nous manger.

Les canards, encore dans la danse, ouvrirent les yeux et virent un immense sac étendu sur la rive, gonflé par les corps de plusieurs victimes. Voyant son plan découvert, Nanabozho se devait de penser vite pour capturer les canards qui se sauvaient et rapporter de la nourriture au camp.

Il partit à la poursuite des fuyards et réussit à en étrangler deux autres. Le chasseur allait en saisir un troisième quand le caneton se mit à voler pour échapper au massacre. Il courait, montait dans les airs, retombait sur le sol où

Nanabozho tentait désespérément de le capturer. Oh! Mais il courait vite celui-là. Impuissant à mettre la main sur ce canard déchaîné, Nanabozho, furieux lui administra un coup de pied au derrière.

Depuis ce temps, tous les canards ont la queue retroussée et Nanabozho est plus respectueux envers les bêtes.

Le vent

Il y a longtemps, très longtemps, le dieu Zeus qui avait beaucoup à faire confia des responsabilités aux Titans, ses messagers. Japet, en charge des vents, devait décider du lieu, du moment et de la vitesse à laquelle ils souffleraient.

Or, ce Titan, habituellement calme et gai, était malheureux. Son fils Prométhée, dont il était si fier, avait mécontenté Zeus en transgressant ses ordres. Japet, contrarié par la mauvaise conduite de Prométhée, négligeait de contrôler les vents, tel que demandé par Zeus. Les vents livrés à eux-mêmes se mirent à souffler dans toutes les directions. La panique régna sur la terre entière. Les humains se plaignirent aux dieux, et Zeus destitua Japet de ses fonctions. Malheureusement, aucun autre Titan ne pouvait remplacer Japet. Zeus s'en inquiéta.

Zeus descendit alors sur la terre bien décidé à y rétablir l'ordre. Il atterrit au milieu de la prairie manitobaine, là où les vents avaient détruit la végétation.

Les tribus indiennes accoururent. Après de longues délibérations, on désigna quatre tribus. Chacune devant confier la charge des vents à l'un des siens. Ainsi, le vent du nord, dit Aquilon, eut pour maître le sorcier des Gros-Ventres, alors que le sorcier des Cris reçut la responsabilité du vent du sud, Notos. Chez les Assiniboines, on confia la mission de veiller sur le vent du matin et de l'est, Zéphyr, à un jeune guerrier. Le plus sage des Ojibways s'occupa du vent du soir et de l'ouest, appelé Euros.

Assuré que chaque Indien assumerait sa tâche de son mieux, Zeus repartit heureux. Il pouvait compter sur les hommes.

Le temps passait et les messagers de Zeus dirigeaient les vents qui, toujours dociles, attendaient patiemment l'heure déterminée par les saisons et le climat. L'harmonie et l'ordre régnaient à nouveau sur la terre. Parfois, le guerrier assiniboine ordonnait au vent du matin et de l'est de se mesurer au vent du nord, mais ces insurrections étaient vite réprimées.

Quand on réclamait de la pluie, un messager indien faisait souffler le vent qui poussait de gros nuages là où le besoin se faisait sentir. Lorsqu'au contraire, la pluie ne cessait de tomber, un autre vent se levait et nettoyait le ciel pour faire place au soleil. Grâce à l'éclat de l'astre de feu, la nature était régénérée.

Sur terre, tous vivaient heureux; et le dieu de l'Olympe se réjouissait du choix de ses élus.

L'équilibre fut rompu quand, un jour, le sorcier des Gros-Ventres s'amouracha de Petite-Lune, la fille du chef des Ojibways. Malheureusement pour lui, l'Indienne aimait profondément Manidos, un jeune Indien assiniboine qui répondait à son amour. Ils n'avaient qu'un désir : s'épouser et ne jamais se quitter.

Décidé à conquérir Petite-Lune, le sorcier des Gros-Ventres se fit transporter par Aquilon jusqu'au camp des Ojibways, où on le reçut en grande pompe avec tous les honneurs dus à son rang.

— Qu'est-ce qui t'amène ici? lui demanda le chef.

— Je désire épouser ta fille. Tu sais que je suis le messager des dieux et que je commande au vent du nord. Si tu me donnes ta fille, elle sera la femme la plus respectée de nos tribus.

Le chef ojibway, fin diplomate, ne voulait pas offusquer son hôte par un refus catégorique.

— Je dois en parler d'abord à ma fille. Tu sais qu'elle est amoureuse de Manidos, le fils de mon ami, et que je ne veux pas aller contre sa volonté. Bien plus, le mariage doit avoir lieu bientôt.

Après cette conversation, le chef ojibway prit congé du sorcier qui, ayant deviné le refus sous les termes polis, avait le visage rouge de colère. Dans sa fureur, il proférait des menaces en disant que rien ne l'empêcherait d'avoir Petite-Lune pour femme.

— La colère du vent du nord sera terrible, s'écria-t-il en s'élevant dans les airs, poussé par Aquilon.

Le père de Petite-Lune prit les menaces du sorcier au sérieux et, sans tarder, alla rendre compte à Manidos de la visite du sorcier :

— J'ai peur que les Gros-Ventres ne lancent sur nous le vent du nord qui détruirait nos récoltes et apporterait la misère à notre peuple.

Pour écarter un tel danger, Petite-Lune et Manidos décidèrent de ne pas se voir pendant un certain temps, escomptant l'affaiblissement de la forte passion du sorcier.

Hélas! Les deux amoureux s'étaient mépris. L'indésirable tenait absolument à épouser la fille du chef indien. Et si on le refusait, il ferait souffler le vent du nord avec tant de rage qu'il détruirait tout sur son passage. Le sorcier mit son plan à exécution au cours de la saison chaude : une grande partie des récoltes gela. Ainsi, l'amoureux déçu n'abandonnait pas si facilement ses intentions matrimoniales. Devant une telle furie, Petite-Lune, désespérée, s'offrit en sacrifice.

— Je vais me donner au sorcier, annonça-t-elle un matin, pour l'amener à mettre fin à la destruction. Sinon, ce sera la famine si sa colère ne se calme pas.

— Non, nous allons demander l'aide du vent de l'ouest déclara son père.

Cependant, Euros n'avait pas la force d'Aquilon. Les Assiniboines envoyèrent donc à la rescousse Zéphyr qui sécha les récoltes des Gros-Ventres, mais sans réussir à calmer l'adversaire. Les Cris se joignirent donc aux Ojibways et les vents des trois tribus soufflèrent avec tant de vigueur que le visage de la prairie changea : elle était devenue un immense désert.

Voyant que la belle refusait toujours de l'épouser, le sorcier des Gros-Ventres ordonna au vent du nord de l'enlever et de l'emmener au bout du monde. Là, la belle Indienne ne serait qu'à lui.

Une nuit, durant le sommeil de Petite-Lune, Aquilon la souleva comme un fétu de paille. Mais l'air frais la réveilla aussitôt. Se sentant prisonnière d'un étau, elle pleura et supplia le vent de la libérer. Mais le vent ne pouvait l'écouter car il obéissait aux ordres de son maître.

Au terme d'un voyage interminable, Aquilon déposa Petite-Lune dans une maison de glace sur le territoire le plus reculé du Grand Nord où l'attendait le sorcier des Gros-Ventres. Les autres vents, témoins de l'enlèvement qu'ils désapprouvaient, étaient impuissants à la secourir. Oh! Que la colère grondait dans la prairie...

Manidos réagit promptement en apprenant la disparition de sa bien-aimée. Il sollicita du sorcier de sa tribu le privilège d'être transporté par le vent de l'est jusqu'à Petite-Lune. Hélas! Zéphyr, plus faible qu'Aquilon, ne pouvait accomplir un tel voyage.

— Je peux te conduire à l'entrée des glaciers, dit-il à Manidos; mais ensuite, tu devras trouver ton chemin.

L'amoureux accepta. Le vent de l'est le déplaça jusqu'au pays des glaciers où il se mit à la recherche de sa promise.

Pendant l'absence de Manidos, Zeus, mécontent, était revenu sur la terre dans l'intention d'enlever aux humains la responsabilité des vents. Il avait convoqué le sorcier des Gros-Ventres et lui avait retiré ses pouvoirs. Ensuite, il confia de nouveau la charge des vents à Japet qui avait retrouvé son calme.

Déçu de la conduite des hommes, Zeus quitta la terre pour remonter dans les cieux. Il avait complètement oublié Petite-Lune et Manidos. Personne ne sut ce qu'il advint d'eux dans le Grand Nord; cependant, Aquilon affirma à son retour que les amoureux s'étaient retrouvés... Et il semblait sincère.

Le manitou

Le voyageur qui navigue sur le lac Winnipeg ne peut qu'admirer la beauté de la nature environnante. Toutefois, en remarquant la saleté des eaux de ce lac, une question surgit à son esprit. Comment expliquer qu'un lac d'une superficie de 24 600 kilomètres carrés, alimenté par plusieurs rivières dont la célèbre rivière Rouge, et situé dans des régions encore sauvages, soit aussi sale et boueux?

La réponse peut venir d'une légende qui a pris naissance à Berens-River, situé sur les rives du lac Winnipeg. Selon les Cris, l'eau du lac aurait été salie par un mauvais génie.

Weesakotechaht, un manitou nourrissant de trop grandes ambitions, désirait coûte que coûte régner sur la région du lac. Malheureusement, il avait la réputation d'être colérique et capricieux.

Un jour, en se promenant le long d'un sentier, il rencontra une pauvre femme qui marchait péniblement. Il se mit à l'invectiver, l'obligea à se prosterner devant lui. Les genoux ensanglantés par le sol pierreux, la vieille femme pleurait et s'accrochait aux vêtements du tyran qui la forçait à avancer. Avec un rire sadique, Weesakotechaht la repoussa avec rudesse et lui enfonça dans les côtes une tige de bois pointue. À bout de force, la pauvre femme se laissa tomber sur le sol, résignée à subir n'importe quel châtiment du vilain. À ce moment-là, une jeune fille se présenta. Le manitou se redressa et complimenta la nouvelle venue sur sa beauté.

La vieille Indienne profita de l'occasion pour déguerpir et rentrer au camp où elle laissa éclater sa rage.

— Je vais me venger de ce monstre, dit-elle.

Peu à peu, son plan s'élabora; la jolie Indienne allait lui servir d'appât. S'empressant de réunir les femmes de la tribu, elle organisa un traquenard dans lequel allait tomber le manitou. L'excitation s'empara de ses compagnes disposées à venger leur sœur. Elles se mirent d'accord pour ne pas dévoiler leur dessein; ainsi, elles auraient leur vengeance. Une vengeance qui allait passer à l'histoire!

Le lendemain, la jolie fille fixa un rendez-vous à Weesakotechaht, sur la rive du lac. À l'heure dite, il s'approcha du bord de l'eau où il venait d'apercevoir une forme féminine dans la nuit obscure. Il s'avançait, surexcité à la pensée de posséder cette beauté, quand une femme se mit à crier. C'était la vieille Indienne qui appelait ses complices.

Paralysé par la surprise, le manitou fut incapable de réagir. D'un seul coup, des dizaines de mains s'abattirent sur lui, le ligotèrent et le poussèrent vers une cabane à proximité du lac Winnipeg. Weesakotechaht était prisonnier des femmes indiennes. Une colère sourde le brûla.

— Ma vengeance sera terrible, cria-t-il à ses ravisseuses.

Mais le prisonnier n'était pas au bout de ses peines. Après plusieurs jours de captivité, les femmes qui l'avaient capturé lui rendirent visite. Coincé et vaincu, le manitou remarqua l'air mystérieux de ces créatures. « Que vont faire de moi ces maudites bonnes femmes? » se demandait-il.

À tour de rôle, les Indiennes entrèrent dans la cabane et se soulagèrent de leurs excréments sur le misérable. C'était l'insulte suprême pour un dieu tel que Weesakotechaht. Après cette affreuse humiliation, les Indiennes, dans le plus grand silence, libérèrent le prisonnier. Honteux et fou de rage, il plongea aussitôt dans le lac pour se laver de ses souillures.

Les femmes n'eurent pas de mal à calmer les humeurs du manitou en le menaçant de tout raconter. De son côté, le manitou n'osa plus humilier les plus faibles que lui. Depuis cette aventure, les Indiens ont donné à cette vaste étendue d'eau le nom de « winni-nipi » qui signifie eaux troubles.

Le corps sans tête

Woodridge est une petite localité située au sud du Manitoba. Cet endroit serait sans intérêt, si depuis quelques années, à proximité du village, un phénomène étrange n'intriguait sa population. En effet, il paraît qu'à la nuit tombante, alors que la brume descend et enveloppe la terre, on aperçoit une lumière blanchâtre en forme de boule.

On raconte qu'un habitant de Woodridge, qui travaillait hors du village, rentrait habituellement le soir en longeant les rails du chemin de fer. Sans doute pour emprunter un plus court chemin. Un jour, on découvrit son corps sans vie sur la voie ferrée, avec la tête en moins. Mais où était passée la tête? On l'ignore encore. La tête n'a jamais été retrouvée après l'accident.

On dit que la tête est un symbole de lumière et de force. Un corps privé de son chef perdrait son identité. Le rapprochement de cette croyance au corps mutilé a échauffé les esprits des gens de Woodridge. Plusieurs d'entre eux affirment avoir vu la lumière d'un fanal promené par un corps à la recherche de sa tête. Certains prétendent que l'homme décapité n'est pas mort accidentellement, mais que son cadavre a été déposé là, alors qu'il était déjà refroidi. En le heurtant, le train aurait détruit tout indice et la tête aurait été projetée dans les marais avoisinants. L'apparition serait donc le disparu en quête de justice puisque, selon la légende, le coupable court encore.

Cette aventure a laissé sceptiques plusieurs personnes de Woodridge. Certains affirment que ces lueurs mystérieuses s'expliquent scientifiquement. En effet, décomposés dans les eaux stagnantes des marais, les plantes et les animaux dégagent un gaz : le méthane. En remontant à la surface, l'émanation du méthane se solidifie et le reflet de la lune, à travers le brouillard, produit cette phosphorescence.

Depuis, chacun a sa propre version. L'apparition du malheureux cadavre, déambulant dans le noir sans y trouver la paix a de quoi émouvoir les âmes sensibles. Aujourd'hui, les soirs de brume, les gens marchent le long des rails en souhaitant que le phénomène se manifeste de nouveau malgré la peur qui tenaille les curieux. Si la lumière se dirigeait vers eux, auraient-ils le courage de rester sur place? L'apparition est capricieuse : elle est visible par intermittence.

Ce phénomène n'est peut-être qu'un effet de l'imagination.

On ne peut rien conclure, mais la légende est belle et elle vit toujours.

Le chien blanc

Nakomo était un homme fier et très possessif. La jalousie n'était pas chez lui qu'un simple défaut, c'était une maladie. Sa pauvre femme Niocha en souffrait beaucoup car il ne se passait pas un jour sans qu'il ne la tourmente. Sans cesse, il menaçait de la défigurer.

Un soir d'hiver, alors que Niocha lui annonçait la venue d'un enfant, Nakomo la menaça plus que d'habitude. Prise de frayeur, l'Indienne sanglotait. Elle avait si peur de ce méchant homme qu'elle ne pouvait plus fermer l'œil la nuit.

Un matin, alors que le jour pointait à peine, la jeune femme se leva sans bruit, sortit du tipi et s'enfuit. La jeune Indienne marchait d'un pas décidé, certaine de trouver vers le Sud un village qui l'accueillerait. Niocha se défendait contre la faim et le froid. Habituée à la vie nomade, elle pêchait, chassait et faisait rôtir des racines.

Les semaines passaient et, à sa grande déception, Niocha ne rencontrait pas âme qui vive. Seul l'accompagnait le vent hivernal qui ne cessait de se lamenter. Découragée plus que jamais, la pauvre femme faisait des efforts pour se ressaisir. Jamais elle ne renoncerait à son enfant puisque la vie avec Nakomo n'était plus possible.

Heureusement, le printemps s'annonçait déjà en direction du sud. L'herbe verdissait la plaine, parsemée ici et là de violettes sauvages. Un jour, elle s'engagea dans une forêt profonde. Pleine d'espoir, elle se disait que ses frères de sang vivent certainement par ici. Soudain, elle se trouva dans une clairière. Apercevant alors une cavité profonde dans une paroi rocheuse, elle s'écria : « Cette caverne va me servir de tipi. Je suis comblée. » Elle étendit aussitôt ses couvertures sur le sol, s'y allongea et s'endormit profondément.

Au petit matin, Niocha ouvrit les yeux. Elle regarda autour d'elle et décida de s'installer dans ce nouveau gîte. Telle une fourmi laborieuse, elle commença à recueillir des provisions pour l'hiver; faire sécher du poisson, suspendre des racines et des graminées aux murs de sa caverne. Mais l'enfant qu'elle portait alourdissait de plus en plus sa silhouette. Elle se faisait moins agile et moins résistante à la fatigue. Toutefois, elle attendait son bébé dans la joie et la sérénité.

Observant fidèlement le rituel de la naissance, pratiqué par son peuple, la jeune femme mit au monde un gros garçon. Elle lui donna le nom de Mano. Désormais, elle ne serait plus jamais seule.

Les journées d'été s'écoulaient agréablement entre l'allaitement du bébé, et la préparation des aliments. Un matin, alors que Niocha sortait pour aller chercher de l'eau, elle aperçut au loin une masse mouvante qui se dirigeait vers elle.

— On dirait un gros chien blanc! dit-elle, intriguée.

Inquiète, elle surveillait l'étrange animal. L'Indienne connaissait bien les chiens. Cependant, elle s'étonnait de voir un chien aussi gros recouvert d'un poil ras, blanc comme la neige. Sa surprise redoubla lorsqu'elle vit une forme humaine se détacher de la bête et glisser sur le sol. Alors un homme apparut qui s'approcha d'elle et murmura très doucement :

— Faim... dormir...

Le voyant si faible, Niocha se hâta de lui préparer un bouillon. Assis près du feu, l'homme le but à petites gorgées puis s'endormit.

Le lendemain, la jeune femme interrogea l'étranger. Il venait de très loin, là où entre le ciel et la terre, le soleil se cache pour dormir. Mais l'homme malade brûlait de fièvre. Niocha alla aussitôt dans la forêt ramasser de la reine des prés. Elle fit une décoction qu'elle offrit au malade en disant :

— Tiens, bois, mon frère, et le mal quittera ton corps.

En attendant que l'étranger se rétablisse, Niocha et Mano apprivoisaient le beau chien blanc.

Hélas! L'inconnu allait de plus en plus mal. Il mourut, alors que les premiers flocons de neige tombaient sur la plaine. Niocha déposa le corps dans la caverne et en ferma l'entrée afin que l'inconnu repose en paix. Puis, elle dit à son fils :

— Il est temps de retourner vers notre peuple. Le chien blanc va nous conduire.

Niocha, montée sur l'énorme chien blanc, quitta la plaine en emportant des souvenirs heureux. Elle serrait Mano contre elle, en pensant à son peuple.

Et c'est ainsi que le cheval est entré dans la vie des Indiens de la Plaine.

Le cheval blanc

Au temps où l'homme blanc n'avait pas encore foulé le sol de l'Ouest canadien, les Indiens se divisaient en tribus; les Sioux, les Cris, les Saulteaux ou Ojibways, et les Assiniboines.

La tribu Crie vivait dans les prairies, près de l'actuelle frontière américaine. Son chef se nommait Pied-Agile. Il n'y avait pas de meilleur chasseur que lui pour capturer les chevaux sauvages et les dompter. En ce temps-là, les Cris faisaient le commerce des chevaux pour se procurer ce dont ils avaient besoin. Ainsi, ils devinrent si puissants que les autres tribus les jalousèrent. Les Sioux et les Assiniboines s'unirent pour les combattre. Usant de ruse, ils harcelèrent leurs ennemis en s'attaquant à de petits groupes. Malheureusement pour les Cris, Pied-Agile, très adroit à capturer les chevaux, se révéla un piètre chef de guerre.

Le sorcier cri, grand sage de la tribu, réclamait de Pied-Agile d'attaquer les Sioux et les Assiniboines. Mais le chef ne l'écoutait pas; il avait de plus grands soucis en tête. D'ailleurs, il ne croyait pas en la possibilité d'une guerre ouverte avec ses ennemis.

« Notre tribu est puissante, nous avons les chevaux les plus rapides, des arcs solides et des flèches bien effilées. Les Sioux et les Assiniboines sont moins forts que nous. Ils se décourageront vite », disait-il.

Ne prenant pas au sérieux les attaques de ses rivaux, Pied-Agile continuait d'enrichir sa tribu de nouveaux chevaux. De son côté, les ennemis se firent plus agressifs et gagnèrent du terrain. Devant le danger imminent, le sorcier convoqua les hommes à un conseil de guerre. Assis en cercle sous la tente du chef, les Cris fumèrent le calumet en donnant leur avis sur une guerre éventuelle. À la fin de la rencontre, le chef se leva et déclara qu'il attaquerait l'ennemi à la nouvelle lune. Le sorcier s'y opposa :

— La nouvelle lune n'apparaîtra que dans un mois. Il sera trop tard pour partir en guerre.

Mais le chef avait parlé et personne ne devait critiquer sa décision. Pour manifester son mécontentement, le sorcier jeta sa pipe par terre et la piétina furieusement. Son inquiétude était fondée : il était trop tard pour passer à l'action. De multiples escarmouches s'ensuivirent : les Sioux et les Assiniboines forcèrent la tribu Crie à faire des concessions. Elle dut abandonner son immense territoire aux vainqueurs et aller se réfugier en Ontario.

Pied-Agile qui aimait profondément son peuple ne pouvait oublier son pays d'origine. Aussi, il ne se remit jamais de la peine et de l'humiliation causées par la défaite des Cris. Après quelques années, il mourut de chagrin, laissant sa fille unique lui survivre. La jeune Indienne grandit dans la haine des Sioux et des Assiniboines, se jurant de venger le départ honteux et la mort de son père bien-aimé.

Elle écoutait les exploits des chasseurs, se souvenant avec nostalgie de son enfance nourrie des bruits de la Prairie. Fini, pour elle, le temps de courir à perdre haleine pour tenter de toucher l'horizon dans cette immense plaine où les chevaux vivaient en liberté, sous un ciel si vaste qu'il semblait faire corps avec la terre! À bout de souffle, elle se reposait alors dans les hautes herbes avant d'aller se désaltérer dans l'eau de la rivière. La fille du chef était si heureuse autrefois dans la plaine de ses ancêtres...

Puis, un jour, elle épousa un guerrier Cri dont elle eut deux fils. L'aîné, Coyote, était avide et cruel comme un animal. Le second, Oeil-d'Aigle, avait la vue perçante et le cœur bon. Élevés dans le culte de leur grand-père, les deux enfants furent bercés par les souvenirs de la plaine et la haine de l'ennemi. Oeil-d'Aigle qui ressemblait à son grand-père n'avait qu'un désir : devenir chef de la tribu Crie afin de ramener son peuple dans la plaine. En attendant, il s'exerçait à la bravoure.

Vers la fin du XVIIe siècle, la Compagnie de la Baie d'Hudson s'installa dans l'Ouest canadien et encouragea les Blancs à fonder une colonie. Les Cris qui vivaient à proximité des forts étaient pacifiques. Ils possédaient des talents artistiques remarquables. Très habiles à sculpter et à tisser, ils confectionnaient des vêtements et produisaient des œuvres d'art qui plaisaient beaucoup aux Blancs. Grâce à la traite des fourrures, ils échangeaient leur produit artisanal contre les armes à feu des hommes blancs.

Dès qu'Oeil-d'Aigle eut atteint l'âge adulte, il fut élu chef par les anciens. Son frère, Coyote, montra du mécontentement; cependant, il cacha sa jalousie et s'inclina devant la décision des sages. Le jour arrivait où Oeil-d'Aigle allait réaliser son souhait le plus cher : quitter l'Ontario et ramener son peuple dans l'Ouest.

On venait de partout pour prendre part à la réunion

annuelle des chefs indiens. Déjà connu et estimé des autres chefs, Oeil-d'Aigle, y fut invité. Le rassemblement, qui devait avoir lieu sur la butte sacrée du « Coteau du Festin », donna à Oeil-d'Aigle l'occasion de ramener son peuple sur la terre de ses ancêtres. Ainsi commença la longue marche du retour des Cris.

Des groupes de marcheurs suivaient les cavaliers montés sur des chevaux en longue file qui venaient derrière, tandis que des poneys transportaient les enfants et les bagages. Oeil-d'Aigle chevauchait fièrement à la tête de la colonne. Depuis qu'ils possédaient des armes à feu, les Cris étaient prêts à se battre pour reprendre leur territoire. Par une belle matinée d'été, alors que le vent faisait onduler les hautes herbes sous les chauds rayons du soleil, la tribu arriva à destination.

Les Cris s'installèrent près de Saint-François-Xavier, le long de la rivière Assiniboine. On s'affaira à monter le campement, heureux de fouler le sol des ancêtres. L'heure de la grande réunion arriva. Oeil-d'Aigle paré de ses plus beaux habits se présenta au rendez-vous des chefs. Les plumes flamboyantes de son couvre-chef descendaient le long de son dos. Son habit, fait de la plus fine peau d'orignal, était brodé de perles et, à son cou, pendaient des amulettes. Au cours de la réunion qui dura plusieurs jours, on discuta de sujets importants. Le problème le plus urgent était celui de la venue des Blancs qui empiétaient continuellement sur les droits des Autochtones; leurs ambitions déplaisaient aux six tribus qui souhaitaient ardemment faire la paix entre elles et combattre l'ennemi au besoin.

C'était la première fois qu'Oeil-d'Aigle assistait à une telle rencontre. Il fut fasciné par la sagesse d'un chef indien portant une longue chevelure blanche. Oeil-d'Aigle plut immédiatement à ce vieux chef Assiniboine qui l'invita au campement de sa tribu située près de Winnipeg.

Oeil-d'Aigle fut accueilli en grande pompe par les Assiniboines qui avaient organisé une fête en son honneur. Le chef invita sa fille unique, Petite-Étoile, à tenir compagnie au jeune homme. Petite-Étoile était ravissante avec sa longue chevelure tressée et ses grands yeux rêveurs. Charmé, Oeil-d'Aigle en eut le coup de foudre; il lui manifesta aussitôt ses sentiments d'amour. La jeune Indienne semblait heureuse, même si elle cachait sa figure en rougissant de pudeur.

De retour parmi les siens, Oeil-d'Aigle organisa une expédition pour capturer de nouveaux chevaux. La passion de son grand-père, Pied-Agile, le tenaillait; elle avait laissé des traces profondes en lui. Au début de l'été, les cavaliers partirent, laissant la garde du camp à quelques hommes.

Des mois passèrent. L'automne donnait déjà des teintes dorées à la nature lorsqu'une clameur s'éleva et rompit le silence du camp : les hommes étaient de retour avec de nombreux chevaux et du gibier pour festoyer. La prise la plus intéressante avait été celle d'un superbe cheval blanc, un « Diablo Blanco » de lignée mexicaine. Il était monté par Oeil-d'Aigle qui le fit parader pendant que des cris de joie fusaient de tous côtés. Le cheval blanc, symbole de la réincarnation, était hautement vénéré par les indiens.

Oeil-d'Aigle n'eut bientôt qu'une idée en tête : aller offrir son cheval à Petite-Étoile et la demander en mariage. De la belle Indienne, il apprit que le fils du chef Sioux avait demandé sa main quelques jours auparavant. Déçu et vexé, Oeil-d'Aigle n'hésita point à faire connaître ses intentions au père de Petite-Étoile. En apercevant la superbe monture du jeune Cri, un cadeau rare et de grand prix, le vieux chef donna immédiatement sa fille en mariage à Oeil-d'Aigle.

On prépara les noces et on les célébra joyeusement. Les tribus, Crie et Assiniboine, fêtaient leur amitié et le bonheur des deux époux. Pendant ce temps, le Sioux éconduit qui cherchait vengeance arriva avec une bande de guerriers. Le père de la mariée ordonna aux époux de s'enfuir. Petite-Étoile monta sur Diablo Blanco; son conjoint choisit un alezan vigoureux. Affreusement inquiets, les Cris et les Assiniboines regardèrent le couple s'éloigner dans la plaine.

À peine hors du campement, les jeunes époux s'aperçurent qu'ils étaient suivis de très près par les Sioux. Près de Saint-François-Xavier, une volée de flèches blessèrent les fuyards. L'alezan fut atteint et son cavalier projeté violemment sur le sol. Petite-Étoile descendit de sa monture et serra son amant sur son cœur.

— Pars, Petite-Étoile, pars! Le cheval blanc te sauvera, murmura Oeil-d'Aigle.

Elle s'y opposa, demeura sur place pour le protéger de son corps. Les Sioux arrivèrent, transpercèrent de flèches les deux amoureux et les abandonnèrent dans la plaine. Mais le cheval blanc réussit à s'échapper. Les deux corps furent ramenés au camp Cri au milieu de lamentations; ils furent placés sur des brancards et exposés au soleil sur les branches de l'arbre le plus élevé. Quand les chairs furent séchées, les os des cadavres furent enterrés en forme de cercle. On termina cette cérémonie par une fête comme le voulait la coutume.

Par la suite, on vit souvent un cheval blanc errer dans la plaine mais on ne put jamais le capturer. Les Indiens, qui le craignaient, croyaient que l'âme de la jeune Indienne l'habitait. Plusieurs ont prétendu l'avoir vu galopant, sa magnifique crinière au vent, libre et heureux.

Aujourd'hui encore, lorsque le vent souffle, certains disent entendre des bruits de sabots dans la vaste plaine. Selon eux, on doit prêter attention à ces échos. Sait-on jamais? L'écho pourrait être celui des sabots du cheval de la légende...

Si vous visitez le Manitoba, rendez-vous dans la région de Saint-François-Xavier. Vous y verrez la statue colossale d'un cheval blanc et l'inscription suivante : « Vous entrez maintenant dans la Prairie du Cheval Blanc ».

Le bison

Au temps où les Indiens fiers et libres parcouraient la prairie, et avant que les hommes blancs ne cherchent la route des Indes, les Ojibways occupaient un territoire parsemé de nombreux lacs. C'est dans cette région qui porte aujourd'hui le nom de Manitoba que naquit le bison.

Par un beau jour de printemps, alors que le soleil réchauffait la terre encore gelée, deux jeunes Ojibways allèrent à la chasse espérant rapporter assez de gibier pour nourrir la tribu. Les deux chasseurs marchaient déjà depuis quelques heures dans la plaine lorsqu'ils aperçurent un chevreuil dans une pinède. L'arc tendu, ils s'apprêtaient à tirer sur la bête quand une odeur étrange, portée par la brise, attira leur attention. Oubliant l'animal qui se sauvait en bondissant, ils dirigèrent leurs pas vers l'émanation qui les intriguait. Ils se retrouvèrent dans un lieu inconnu où, à une centaine de mètres paissait un animal de taille énorme. Pouvant à peine contenir leur étonnement, les deux chasseurs ajustèrent leur arc. Ils savaient que s'ils rataient leur cible, ils mettaient leur vie en danger; par contre, s'ils réussissaient, ce serait la fête et des vivres pour plusieurs jours.

De leur monticule, ils visèrent l'animal qui broutait au creux d'un bassin. Leurs flèches meurtrières le transpercèrent. Les Indiens descendirent à la hâte s'assurer de sa mort. Après avoir manifesté leur victoire par une danse, ils dépecèrent leur victime en commençant par lui couper les pattes, et ensuite lui ouvrir le ventre. Le sang qui coulait de ses entrailles s'éclaircit jusqu'à devenir un filet d'eau claire. Bientôt un ruisseau se forma, grossit et se transforma en un torrent dangereux qui se déversa aux pieds des chasseurs.

Effrayés, ils s'éloignèrent du cadavre car le courant d'eau les atteignait et montait jusqu'à leur taille. Ils remontèrent jusqu'au bord du bassin et, se retournant, ils constatèrent que l'eau avait presque recouvert la bête morte. Au moment où elle allait disparaître sous les flots, une énorme boule de poil sortit de son ventre et flotta à la surface du lac nouvellement formé. Une forte vague poussa ce poil jusqu'aux pieds des Indiens stupéfiés. Soudain, la touffe se divisa en deux parties qui se mirent à remuer. Deux petits animaux pleins de vie venaient d'apparaître. Les Indiens, sidérés par un tel phénomène, ne purent contenir leur curiosité; ils s'approchèrent des bêtes, les prirent dans leurs bras et s'empressèrent de rentrer au camp.

Les membres de la tribu se rassemblèrent autour des chasseurs pour écouter leur récit fantastique, voir et toucher les deux étranges créatures; bien vite, ils s'amusèrent à les bousculer et à jouer avec elles. Mais le chef, accompagné du sorcier, interrompit leur amusement en ordonnant de laisser les animaux en paix et de les mettre à l'abri des curieux; il convoqua immédiatement une réunion sous sa tente. L'instant était grave. Se tournant vers les deux chasseurs, il les invita à prendre la parole. Voici ce qu'ils dirent :

Alors que dans la grande plaine on allait,
courant çà et là après le maigre gibier,
dans notre direction le vent vint siffler,
apportant avec lui une forte odeur musquée,
révélant la présence proche d'une bête cachée.
Dans un bassin, un bœuf broutait l'herbe grasse,

avec nos arcs et nos flèches, guidés par les dieux de la chasse,
nous l'avons tué et commencions à ouvrir sa carcasse,
lorsque du ventre béant l'animal, a jailli une masse
de sang et d'eau, recouvrant bientôt une grande surface.
La bête disparut dans les flots quand, des eaux écumantes,
sortirent deux forment brunes et rondes,
nageant avec nonchalance dans notre direction
elles furent poussées en cadence.
Avec crainte, nous les avons sorties de cette eau dense.
C'étaient deux petits animaux, bien vivants,
ici, nous les avons apportés pour amuser les enfants.

Le sorcier se leva et fit taire les murmures qui s'élevaient.

— Mes frères, les dieux ont parlé. Il est écrit que des eaux sortiraient un animal qui assurerait notre survie. Il nous fournirait de la nourriture, des vêtements et des abris pour nous protéger des intempéries de l'hiver. Cet animal devra être respecté et vénéré. Il vivra à nos côtés sans nous nuire. On ne devra pas le maltraiter mais le laisser procréer. Cet animal sera notre survie.

— Tu as bien parlé, sorcier. Il faut donc prendre soin de cette bête que nous nommerons BISON. Vous deux, heureux chasseurs, qui avez apporté ces petits animaux venus des dieux, veillez sur eux afin qu'ils grandissent et se multiplient.

Ainsi avait parlé le chef.

Les bisons grandirent, procréèrent et formèrent des troupeaux. Aujourd'hui, le bison figure sur le drapeau du Manitoba.

Le baril d'or

À la Rivière-Rouge, les Métis, sous la direction de leur chef Louis Riel, venaient de se soulever contre le gouvernement canadien. Pour calmer l'insurrection, le gouvernement envoya une expédition commandée par le colonel Wolseley. Devant verser une solde à ses militaires et prévoir les dépenses inhérentes à un tel déplacement, Wolseley transportait avec lui une bonne quantité de pièces d'or.

Son armée atteignit les Grands Lacs en mai 1870. Il pleuvait depuis quarante-cinq jours, et la terre était gorgée d'eau. Des myriades de moustiques dévoraient les pauvres soldats démoralisés qui trouvaient la région peu invitante. Jugeant bon de réconforter ses troupes, Wolseley promit de distribuer le traitement qui leur était dû dès l'arrivée au fort Garry; sans oublier quelques jours de repos bien mérité.

À l'approche de l'armée, les Métis, qui avaient pris possession du fort Garry, n'opposèrent aucune résistance et s'enfuirent en toute hâte, laissant aux soldats canadiens la liberté de s'y installer. Hélas! Lorsque Wolseley s'apprêta à payer ses troupes, l'or était introuvable. Fortement déçu, il ne put maîtriser sa colère : ses éclats de voix parvinrent jusqu'aux oreilles des soldats. Quand la rumeur se répandit que l'or avait disparu, la panique s'empara des habitants du fort.

On n'arrivait pas à expliquer la disparition du précieux métal puisque, durant le voyage, on l'avait dissimulé dans un baril de poudre de canon, et on l'avait étroitement surveillé. On conclut que le contenu du baril ne pouvait pas être très loin et que le vol avait été commis lors de l'entrée au fort Garry. Avait-on, dans la fièvre de la victoire accompagnée d'une généreuse distribution de whisky, relâché la surveillance de l'or?

Dès le début de l'enquête, on se rendit compte que les deux commis embauchés à la dernière minute ne répondaient pas à l'appel. On partit aussitôt à leur recherche. Les deux fuyards s'étaient dirigés vers la vallée Brokenhead, non loin du village du même nom. Aussi, le fort Maurepas de la Compagnie de la Baie d'Hudson étant situé à proximité cet endroit fit naître de nouveaux soupçons. Selon les soldats, le trésor se trouvait entre les mains des ennemis : les colons de la Rivière-Rouge. Il fallait agir promptement. Armés jusqu'aux dents, des équipes se lancèrent à la recherche du trésor. Des individus de tout acabit, assoiffés de richesses, se joignirent à l'expédition, déterminés à s'approprier l'immense fortune.

La chasse au trésor s'avéra infructueuse. Après plusieurs jours, on retrouva les deux commis noyés dans la rivière Brokenhead; la légende veut que le trésor y soit enfoui. Aujourd'hui, le trésor tant convoité attire encore des amateurs de fortune. On cherche ce baril de poudre à canon, rempli de pièces d'or, lequel dort, intact, dans la terre à laquelle il appartient.

Un proverbe turc veut que l'or et le serpent soient intimement associés. Ainsi, quand la neige recouvre le sol manitobain, le précieux métal fait fondre la neige et dessine des stries serpentines, là où se trouve l'inoubliable baril d'or du colonel Wolseley.

Bibliographie

Légendes manitobaines

BARBEAU, Marius. *Indian day on the Western prairies*,
Ottawa, National museum of Canada, 1960.

BAUER, George W. *Legends of the Northern Cree*,
The Beaver Canada's History Magazine, 311, No 4, Spring 81, pp. 36-40.

BEMISTER, Margaret. *Thirty Indian legends of Canada*,
Vancouver, ed. Douglas, 1973, 153 p.

BRODEUR, Léo, *La légende du vent, Saint-Boniface*, Manitoba.
Centre d'études franco-canadiens de l'Ouest, CUSB, manuscrit inédit.

BURON, Edmond. *Un mariage après Pâques*,
Le Manitoba, 1re partie, vol.25, No. 39, 22 juillet 1896, p.1., Le Manitoba,
2e partie, vol. 25, No. 40, 29 juillet 1896, p.1.

CASS, Elizabeth. *Indians of North America legends – The Flood*,
The Beaver Canada's History magazine, 290, Spring 60, p.58., *Origin of the
Chipewyan* , The Beaver Canada's history magazine, 299, Summer 68, p.51.

CHAPUT, Lucien. *La belle histoire du revenant têtu*,
La Liberté, vol. 73, No. 30, 31 octobre 1987, p.1.

CHEVALIER, Jean. *Dictionnaire des Symboles*,
Paris, ed. Segher, 1969, 180 p.

CLARETU, Jules. *Le rocher des fiancés*,
Le Manitoba, vol. 23, No. 2, 18 octobre 1893, p.1.

CLARK, Ella Elizabeth. *Indian legends of Canada*,
Toronto, ed. McClelland and Stewart, 1974, 177 p.

CLOSSET, Jean. *La légende de Saint-Nicolas*,
L'ami du foyer, vol. 3, No. 5, 10 décembre 1907, pp. 1-3.

COLOMBO, John Robert. *Colombo books of Marvels*,
Toronto, N.C. press Limited, 1979, 215 p.

DUGAS, Georges. *Légendes du Nord-Ouest*, Montréal,
ed. Saint-Joseph, Cadieux et Dérome, 1883, 141 p.

FERLAND, Marcel. *Au temps de la Prairie*, entrevues avec Auguste Vermette,
Saint-Boniface, Manitoba, ed. du Blé, 2000

FOWKE, Edith. *Tales told in Canada*,
Toronto, Doubleday Canada Limited, 1986, 174p.

FRANKLIN, Sir John. *A journey to the Shore of the Polar Sea*,
Travel and Topography, Everyman's Library, Ernest Rhys, 1905, 150p.

GIRAUD, Marcel. *Le Métis Canadien*,
Saint-Boniface, Manitoba, ed. du Blé, 1984, 1316 p.

Légendes manitobaines

HAMILTON, Ghain. *In the beginning*, Steinbach,
Manitoba, Derksen, 1967, 362 p.

HOWARD, Joseph. *Strange Empire*,
Toronto, Lewis and Samuel, 1974, 601 p.

D'Iberville, Berthe, *La Canadienne française*,
Le Manitoba, vol. 35, No. 34, 4 juillet 1906, p.1.

Indian life, Winnipeg Intertribal,
Christian Communication, 1995.

JOHNSON, Pauline. *Flint and Feather*,
Toronto, ed. Musson book Co., 1931, 170 p.

LACASSE, Zacharie. *La légende de Sainte-Anne-de-Beaupré*,
L'ami du foyer, vol. 1, No.1, août 1905, pp. 2-4.

LASERRE, Henri. *La légende de Saint-Longin*,
L'ami du foyer, vol. 11, No. 9, 1er avril 1916, p.11 .

MACLEOD, Margaret Arnett. *Bells of Red River*, Winnipeg,
Manitoba, ed. Stovel Co., 1938, 41 p.

MÉLANÇON, Claude. *Indian legends of Canada*,
Toronto, Cage Pub, 1960.

REID, Dorothy M. *Tales of Nanabozho*,
The Beaver Canada's History Magazine, 296, Summer 64, p. 58

SEALEY, D. Bruce. *Cuthbert Grant et les Métis*,
Canada, Société canadienne du livre, 1977, 44 p.

TIELEMANS, Henry. *La légende des mouches à feu*,
Le Manitoba, vol. 23, No 34, 31 mai 1894, p.1,
Les veillées Manitobaines, Le Manitoba, vol. 23, No. 27, 11 avril 1894, p.3.

THORNTON, Mildred Valley. *Indian lives and legends*,
Vancouver, B. C. Mitchell, 1966.

WOODLEY, E. C. *Forward With Canada*,
Nordon Electric Company, 1950, 32 p.

La Pierre bornale, Le Manitoba ,vol. 51, No. 7, 4 janvier 1922, p.4.

L'Été de Saint-Martin, Le Manitoba , vol. 22, No. 7, 23 novembre 1892, p.1.

Légendes, Le Manitoba ,vol. 41, No. 23, 10 avril 1912, p.3.

Visitons le Canada, Selection Reader's Digest, Canada, 1976, 476 p.

Une légende, Le Manitoba, vol. 21, No. 40, 13 juillet 1892, p.1.

Table des matières

Imprimer en octobre 2007 chez
Hignell Printing Limited (Winnipeg)